時報漫畫叢書63

亂世的哲思

蔡志忠◎漫畫

孟子說

◉蔡志忠小檔案

本名：蔡志忠

籍貫／台灣彰化

出生／卅七年二月二日

經歷／民國五十二年起開始畫連環漫畫

民國六十年任光啓社電視美術指導

民國六十五年成立遠東卡通公司、龍卡通公司

拍攝卡通作品有「老夫子」第一、第三集、「烏龍院」

◉「老夫子」第一集獲七十年最佳卡通影片金馬獎

民國七十二年開始在報章雜誌發表四格漫畫，作品並在新加坡、香港、馬來西亞、日本報章長期連載

民國七十四年獲選爲全國十大傑出青年

已發表漫畫有：大醉俠、肥龍過江、光頭神探、西遊記三十八變、盜帥獨眼龍、自然的簫聲莊子說、智者的低語老子說、御風而行的哲思列子說、仁者的叮嚀孔子說、日本行脚、六朝的清談世說新語、尊者的棒喝禪說、曹溪的佛唱六祖壇經、歷史的長城史記、博大的學問大學、和諧的人生中庸、封神榜、儒者的諍言論語、悲歡的歌者唐詩說等。

雄聖孟子書

——序蔡志忠漫畫「孟子說」

◉杜松柏

（一）

讀孟子的書，會使人熱血沸騰，意志昂揚，如千里驥足，向無邊的原野飛奔；又如絕嶺探險，朝最高點攀升。因爲孟子不但是性情中人，喜怒哀樂，表現的是如此的確切明顯，不肯半呑半吐，合乎和平中正；他又是英豪型的性格，有不甘平庸，而自我期許、自我成就的氣概，所以他說：「若乎豪傑之士，雖無文王猶興。」當然後世崇之爲亞聖，以繼孔子，誠可當之無愧。聖賢的造詣，英豪的氣度，至情坦蕩的流露，自然可使我們感受深刻，而起頑夫廉、懦夫立的影響如他所說：「舜何人也？予何人也？有爲者亦若是！」而心胸寬、意志高。故趙岐云：守志厲操者儀之，則可以崇高節，抗浮雲。（見孟子注疏題辭）

一言以蔽之，是其光明俊偉、鮮活激烈的生命情調和偉大人格，使人感動鼓舞，提升振技，不能自己。

（二）

孟子處在昏上亂相、諸侯以攻伐爲賢、民不聊生、處士橫議的時代。於是振臂而起，以道德的勇氣，深切的認知，自居爲孔子之徒，銳身擔當拯救當時的任務，欲如伊尹、周公，故不惜轍環天下，游說時君世主，想得到實現理想的機會。可是又人權意識高張，抱道恃學，不肯稍加貶損，反逆權勢，批評時君作爲的失誤，卿相的無道，對楊、墨等顯學，術足以取貴富的縱橫家，均大加撻伐，爲伸張孔子之道，尊王賤霸，崇高仁義，貶屈功利，有橫眉冷對千家指的氣概，所以不受歡迎，僅在齊國做過虛位的客卿，未能獲得展布才華的機會。於是與門弟子退而講學著書，才有孟子七篇的傳世，連書的體裁，也是「則象」孔門的論語。相傳還有外書四篇：性善辯、文說、孝經、爲正(政)，後人認爲是後代依託的僞書，不予接受。孟子身後遭逢秦始皇焚書坑儒的厄運，在「徒黨盡矣」的情況下，致其學術思想，缺乏闡揚宏傳的動力，形成了湮沒不彰的一段期間。

（三）

孟子七篇，大致與論語相同，是孟子與門弟子、時人問答辯論的語錄，在精神命脈上也有與論語相承之處，可是在內容上，卻隨時代與學術思想的進展，而大有不同，最主要的是性善說的堅決主張，替人類的人論道德，政教綱常，奠定了最堅實的發展基礎，下開宋明的心性學說；提出民貴君輕，湯王、武王不是弒君，而是誅殺殘民害衆的獨夫，無異是我國最早的人權宣言；繼承「天視自我民視」的思想，認爲依民意的決定，可以使君主易位，可以革命，得到民意的擁護，才可以爲天子，是可貴的民權思想的開創者；由文化學術上的體認，推崇孔子爲聖之時者，繼續闡揚孔子的主張，充實了儒家思想的內涵，於道統的形成，有深遠的影響；處在異說多端，暴君處處的時代裡，毫不顧忌，力加批評撻伐，却又出以理性，委婉喻說，使其佩服，是極端理想主義的政論家；孟子和孔子一樣，率領弟子，週遊列國，却無陳蔡飢病的困厄，於人生的修養，處事的當否？隨時點化，因材培植，是成就卓越的教育家；全書的生動流暢，文氣雄渾，一氣呵成，又非論語所能及。所以後世追崇孟子，以配孔子，稱爲亞聖；朱之更以其書合論語、大學、中庸，成爲四子書，不但由元至清，是秀才考試中的題庫，更是家弦戶誦，人人遵奉的寶典。

（四）

後人喜歡孟子一書，是由於孟子的眞性情、眞生命的投注，他無拳無勇，却挺身而出，批判誣民的邪說，拆穿欺世的讖辭，凜凜有生氣，彷彿在我們的目前活動。現在配以蔡志忠先生妙筆下的活潑藝術造型，更有助文字注譯表達以外的詮釋，相信讀者會如以前的漫畫論語、大學、中庸一樣加以接受。因爲展現在我們眼的孟子和孟子一書，更生動、更具體地的形象在向我們，滔滔雄辯，娓娓敎誨。我們會更不由自主地，喜歡這位雄聖，他的智慧、勇氣和行爲的範式，永遠在引領我們，躋升到更理想、更眞善的境界。

孟子——深具道德勇氣的思想家

——序蔡志忠漫畫「孟子說」

◉劉文起

在往古來今的歷史載記中，有功業彪炳的英雄豪傑，更有文采風流的學士文人，雖各擅勝場，在歷史上有其一定的地位與貢獻，但若論啓廸民智，指引人生，臻至至眞至善至美之極致，則唯思想家方可當之而無愧。透過他們的靈敏觀照，思索熟察，小至各人的身心平衡，大至社會家國的秩序運作，既有常道可以依尋，結果亦多妥善圓滿，其影響之深，貢獻之巨，實無庸多所贅言。

但是，思想家中，也並不全然都能「究大人之際，通古今之變，成一家之言」的，有的陳義過高，而不切實際；有的識見短淺，而至卑之無甚高論；更有昧於時勢，苟且迎合，而向政治利益掛鈎，凡此種種，揆其所自：學識不足、利欲薰心……都是導致他們「內心自誣，外以惑人」的理由，但是，若進一步深思，我更願指出，缺乏道德勇氣，「上則取聽於上，下則取從於俗」的鄉愿無能，眞不知讀盡多少世事，害慘多少蒼生！

道德勇氣，在吾國孟子書中，屢屢言及，可以用不能的「大丈夫」解之，也即是「義利之辨」，孟子以爲大凡人都有良知良能，此屬不學而能，不事而成者，持之於人我之交接，事物之糾纏處，自能有「何者應該，何者不應該」之辨別認知，又絕不以世俗之功利回收爲計較，孟子於此反覆叮嚀，再三致意，有心之人，當能提會。若再證之以書中所記孟子之行事交接，當更能瞭悟此一觀念之懇切處。孟子嘗謂：

「說大人，則藐之，勿視其巍巍然。堂高數仞，榱題數尺，我得志弗爲也；食前方丈，侍妾數百人，我得志弗爲也；般樂飲酒，驅騁田獵，後車千乘，我得志弗爲也。在彼者，皆我所不爲也；在我者，皆古之制也；吾何畏彼哉！」（盡心下）

達官貴人之權勢，全非孟子所願欲者，唯古聖先賢之嘉言懿行，始爲他所樂道。準此以行，則當世的王公大人，孟子固視之蔑如也。

「公行子有子之喪，右師往弔。有進而與右師言者，有就右師之位而與右師言者；孟子不與右師言。右師不悅，曰：諸君子皆與驩言，孟子獨不與驩言，是簡驩也。孟子聞之，曰：禮，朝廷不歷位而相與言，不踰階而相揖也。我欲行禮，子敖以我爲簡，不亦異乎？」（離婁下）

趨炎附勢，逢迎拍馬，古今官場，殊無二致，官僚政客雖高高位居臺省，若無「終其天爵」，而徒求人爵，則既得人爵，反易棄其天爵，若此庸碌之輩，實是無足貴者。不單此也，若昏庸之國君，孟子亦不稍稍假以辭色：

「孟子見梁惠王。出語人曰：望之不似人君，就之而不見所畏焉。」（梁惠王上）

「然則（齊宣）王之所大欲，可知已。欲辟土地，朝秦楚，莅中國，而撫四夷也。以若所爲，求若所欲，猶緣木而求魚也。王曰：若是其甚與！曰：殆有甚焉！緣木求魚，雖不得魚，無後災；以若所爲，求若所欲，盡心力而爲之，後必有災。」（同上）

「孟子謂齊宣王曰：王之臣，有託其妻子於其友，而之楚遊者，比其反也，則凍餒其妻子，則如之何？王曰：棄之。曰：士師不能治士，則如之何？王曰：已之。曰：四境之內不治，則如之何？王顧左右而言他。」（梁惠王上）

或暗諷，或直斥，孟子「民貴君輕」之旨，固顯露無遺，而其狷介峻整之道德勇氣，亦足發人深省。此外，孟子又針對時俗之淺薄浮妄處，大力予以反擊：

「公都子曰：匡章，通國皆稱不孝焉；夫子與之遊，又從而禮貌之，敢問何也？孟子曰：世俗所謂不孝者五……章子有一於是乎？……夫章子，豈不欲有夫妻子母之屬哉？爲得罪於父，不得近；出妻，屏子，終身不養焉。其沒心以爲不若是，是則罪之大者，是則章子已矣！」（離婁下）

千人諾諾，反不如孟子之諤諤，孟子曾引孔子之言曰：「自反而不縮，雖褐寬博，吾不惴焉？自反而縮，雖千万人，吾往矣！」現今之社會，功利掛帥，虛靡矯揉之風氣，干名采譽之伎倆，層出不窮，如能有嶽峙淵渟，嶔崎磊落之思想與勇氣如孟子者，我們不禁要問：果眞有嗎？到底他們在那裏？如果沒有？我們要不要學孟子，作有勇氣的道德巨人呢？

亂世的哲思——孟子說

目錄

孟子

孟子是繼承孔子思想和道統的人，他受業子思之門人。學成後游説諸候却不能被晉用，退而與弟子萬章序詩書，述仲尼之意，作孟子七篇。後世以其宗孔聖之道，尊爲亞聖。

唐韓愈説：「堯以是傳之舜，舜以是傳之禹，禹以是傳之湯，湯以是傳之文武周公，文武周公傳之孔子，孔子傳之孟軻；軻之死，不得其傳焉。」不但把他比美孔子，而且認爲自他之後，道統的傳承就中斷了。

孔子以後，儒家最偉大的人物，當推孟子與荀子，傳孔子之學的，應以荀子的功勞最大；拒楊墨、闢邪説，揚孔子之道的，當以孟子貢獻獨多。荀子不喜歡孟子，在他的書中大加批評，其弟韓非、李斯，政治地位極高，可能受荀子的影響，也加以排斥，所以孟子這一學派，在漢以前，非常寥落，同時書中很多講「心」講「性」，在漢以前也不重視，到了唐朝韓愈特別推崇他，升到與孔子差不多的地位，到朱子把孟子七篇，列為四書之一，其價值與影響更為特出。

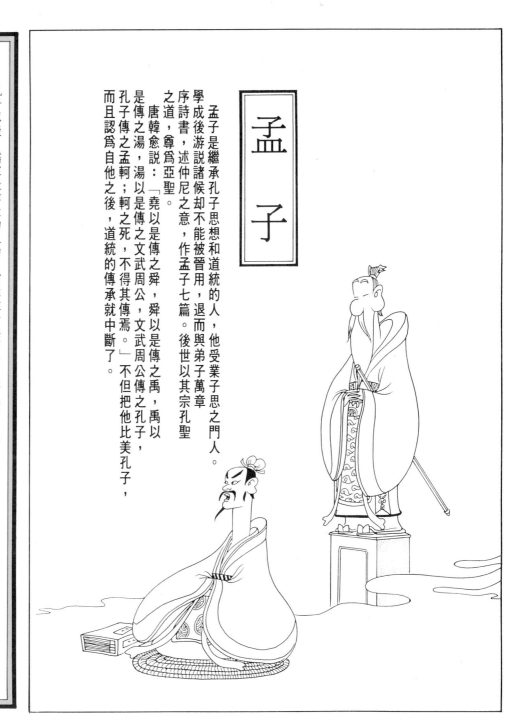

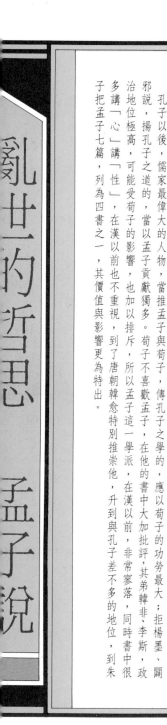

孟子係魯國沒落的貴族，以後遷到鄒，即邾國，在孟子的時候，魯穆公改變了邾國的國號為鄒，也作騶。可能邾係魯國的附庸國的緣故。二國在同一文化地區，受孔子的影響最大，所以鄒魯並稱。

孟子的生平
孟子，名軻，字子輿，生於周烈王四年。他本是魯國貴族孟孫氏的後裔，家族沒落了，因而遷居鄒地。
由於家貧，孟子一家住在郊外靠近墓地的山邊……
好好玩喔！
再不搬家的話，你將來只能替人辦喪事了。

「孟母三遷」，是極有意義的傳說，因為環境的影響是鉅大的、無形的，孟子的母親，深明此理，所以三遷之後，才找到最理想的住所。

孟子遷到街市，住在市場附近，每天看到的儘是商人小販做生意。
上好的豬肉喔！
！
上好的豬肉，一斤三十文。
買一斤。
去收拾你自己的東西，我們要搬家了。
又要搬家？
再不搬，我看你將來只能去殺豬……
喔。

自古至今，母愛是偉大的，母教的影響是深遠的。孔孟二聖，都是偉大母親的教導影響之下，奠定了良好的基礎，成為偉大的聖人。

子曰：學而時習之，不亦說乎？
這一次孟母慎重的選擇，找到一所學校附近的房子住下來。
子曰：學而時習之，不亦說乎？
好極了。
孟子八歲時，孟母便把他送進學校讀書。
有朋自遠方來，不亦樂乎？
過了一段時候，孟子的學習熱忱便逐漸下降……

「子不學，斷機杼」，是三字經的文句，人人都耳熟能詳，但是我們應想到孟母的偉大，能把握機會，以活生生的教材，使孟子能了悟有恆向學的重要。

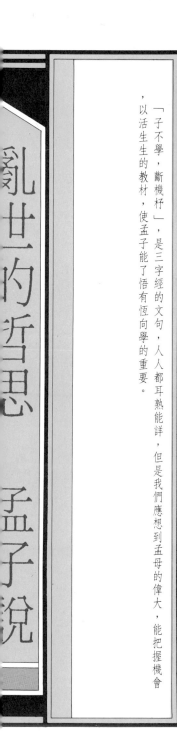

……
娘！我今後一定認眞讀書，不讓妳失望……
從此孟子發憤向學，不敢懈怠……
孟子長大後，便到魯國遊學，
這時子思已經去世了，因此他便受教於子思的門人。

「孟子受業於子思的門人」，是史記孟子荀卿列傳所載。後人認為「人」字係「衍文」—多出來的，所以才說孟子是子思的學生。可是經過後人的考證，在年齡上二人差別太大，沒有受業於子思的可能。孟子也曾經提到他的老師：「吾私淑諸人也」，「乃所願則學孔子也。」並未說明係從誰學。

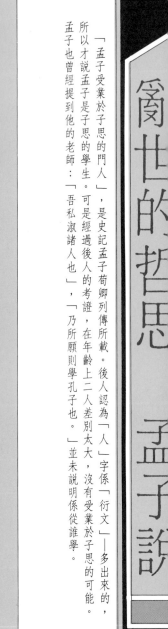

孟子的「乃所願則學孔子也」，必然經過長期的尋求，由訪問孔子的故鄉，親臨孔子講學的地方，去歌詩習禮，體會孔子的志事，誦讀有關的典籍，所以由景仰、讚美，而效法孔子。

在這裡可以看到祠堂舉行祭祀大典的禮儀程序。
也能看到許多有關孔子言行的記錄，和孔子的手稿。
孟子懷著求知問道的熱忱，居住在文化氣息極濃的孔子家鄉，努力地在道德學問上求進步。
雖然我無法直接當孔子門下的學生，但從他的傳人身上，我也等於間接以孔子爲師啊！

孔子的弟子，佩服孔子，認為是聖人，他們都親受孔子的教誨，有人格感召和情感親近的成份。孟子除了讚美孔子是聖人之外，並認為自有人類以來，沒有像孔子這樣偉大的，他的推崇，又與孔子的門弟子不同，至少多了一份理性的評估在內。是從思想、學術等方面作了客觀的評論。

從有人類以來，不曾有過像孔子這麼偉大的人啊！
這時孟子眞正明白了他所要走的路……
明白了他所要追隨的人了。

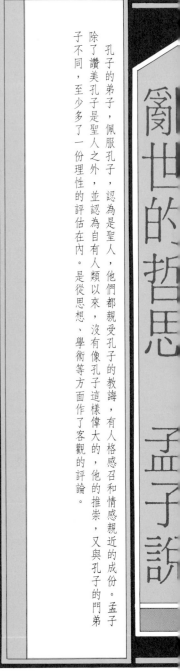

孟子生在春秋以後，戰國的時候。是一動亂的時代，各國的諸侯，擁兵據地，自稱為王，彼此攻伐，戰禍不已。孟子效法孔子的行道救世，所以同樣地遊說列國。

這時的諸侯之間，強凌弱，大欺小，互相攻伐。
戰爭慘痛到「易子而食，析骸而炊」的地步。
這些野心家爲了個人的利益，到處發動戰爭，使戰死的人堆滿各處，眞是率領土地來吃人肉啊！
於是孟子率領他的門人周遊列國，向諸侯遊說實現王道和仁政的理想。

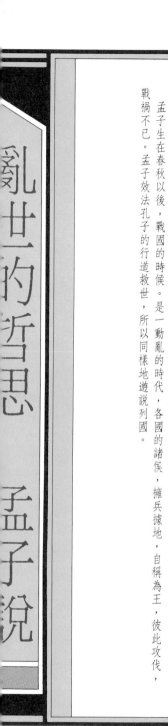

列國的君王，都尚武力，重霸業，可是孟子卻講仁義，尊王賤霸——「仲尼之徒，無道桓文之事者」，貶立霸之中最赫赫有名的齊桓公、晉文公，認為不足稱道。所以不能為當時的國君所欣賞，只當過齊國有名無實的客卿。後來也和孔子一樣，與弟子講道著書。

但是當時的諸侯，個個都只求眼前的利益，而不肯採納他的主張。
因此他也和孔子一樣，始終找不到實現他學說的機會。
他老年的時候，也像孔子從事教育講學的工作，並著書立說。
序詩書，述仲尼之意，並著「孟子」七篇，記載當時活動的記錄和學術問答，以及和其他學派的爭論。

這一章是戰國遊士風氣盛行下的記載！孟子主張行仁義以救當時，當然不合於以征戰為能的時代風氣，所以孟子不能得志於梁齊的君主，可是歷史證明了孟子的真知灼見，任何政權不能殘民以逞，暴虐百性，好戰而不顧民衆的生存和生活，決對沒有好下場。

梁惠王篇

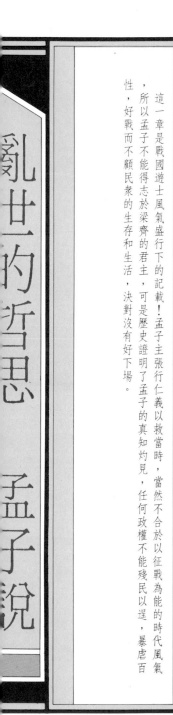

王何必曰利？
梁惠王篇上第一章
孟子去見梁惠王，惠王說：
老先生，你不遠千里而來，大概有什麼好的法子對我梁國有利吧？
王何必說利呢？可以說的只有仁義兩字罷了。
假使王說：『怎樣才可以使我國有利？』
大夫必要說：
怎樣才可以使我家有利？
人民也要說：
怎樣才可以使我身有利？
上上下下大家都爭取這利，那國家就危險了！

亂世的哲思 孟子說

● 梁惠王：即魏侯罃。周顯王三十五年，和齊威王會於徐州，至一二七年稱王。因為本都安邑，後遷都大梁，故又稱梁惠王。

● 孟子見梁惠王：當時秦用商鞅，國富兵強，魏國深受威脅，故大招賢士，孟子乃往見之。

戰國的時候，諸侯王都急於擴張自己的勢力，梁又受到秦國的威脅，故梁惠王見到孟子，便以「何以利吾國」為問，實際上是指如何富國強兵之法。與孟子主張仁義，賤霸業的思想，背道而馳。

所以：那萬乘的天子國，殺天子的人一定就是那千乘的公卿；
千乘的諸侯國，殺諸侯的人一定就是那百乘的大夫。
從萬乘中取得千乘，從千乘中取得百乘，這樣十分之一的比例也不算不多了。
但是假使不講道義而先講私利，那是不完全奪過來總不會心滿意足的。

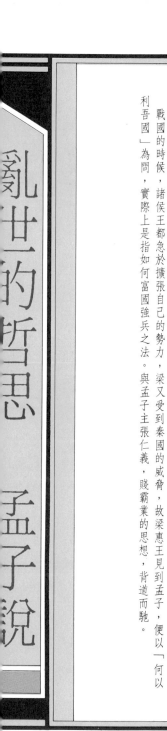

仁義與利益，不是兩極，可是君王以利為天下倡，則全國會陷落到「上下交征利而國危矣」的危險。因為會形成利益相衝突而無法調和的情況，而相爭相亂。依孟子的主張，仁義為先，方可避免這種危機。故不能後義而先利。

至於講仁義，那就有益多多了。
從來沒有講仁愛而反遺棄親長的。
從來沒有講道義而反不顧君上的。
王你只要講仁義就可以了…
何必要說利呢？
談到利，人人都將站在自己的立場考慮，唯有仁義才能深廣的涵蓋眾人的共同利益。

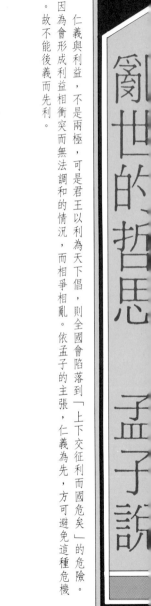

梁惠王就是魏侯罃，祖先是晉國的大夫，韓趙魏三家「分掉」了晉國，僭稱魏侯，以後又僭稱王，因為本都安邑，以後遷都大梁，所以稱魏惠王之外，也稱梁惠王。在他即位三十五年的時候，大招賢士，所以孟子才到梁，與梁惠王對話。

五十步笑百步
梁惠王篇上第三章
梁惠王向孟子說：
我對於國家可算是竭盡心力了！河內遇著荒年，就搬移那些人民到河東去就食。
再把河東有餘的米穀搬移過來賑災；假如河東鬧飢荒，也同樣辦理。
我調查隣近各國，沒有及得上我這樣用心的；
但隣國的人民不見得減少，我國的人民不見得增多，這是什麼緣故？
王向來喜歡戰爭，現在就用戰爭來做個比喻：

咚咚咚咚！
戰鼓震天，兩軍的刀劍已經交鋒，那打敗的，棄掉盔甲，拖著兵器就逃，有的逃了一百步後站住，有的逃了五十步後站住……
哈哈哈你比我還膽小，我只逃五十步，你逃了一百步！
嗚……
逃五十步的軍士笑那逃一百步的軍士膽小，你說可以不可以呢？
不可以的，他不過不到一百步罷了，同樣也是逃啊！
王既然知道這個道理，那就不必希望人民的數目比鄰國多，貴國與鄰國也差不多罷了。

臨陣放下武器脫逃，是軍人的大恥，走了五十步與走一百的，在本質上並無不同，都是同樣的罪過，梁惠王自詡的「政績」，在孟子的「行仁政而王」的標準下，與當時的諸侯一樣，都是暴政之列。頂多是五十步與百步的差別，只有程度上的不同。

遁辭是逃避責任，拒絕擔當的詭辯，國君不能治好國家，卻歸罪衆臣下；自己的作為，未獲成功，而歸之於命運。都是逃避責任的遁辭，在孟子看來，全是缺乏一種舍我其誰的擔當。

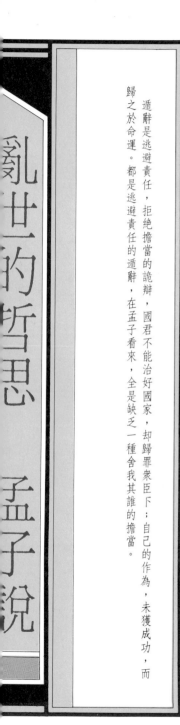

不能是能力够不够的問題，不為是意願上願不願意的問題，舉手之勞的服務，常以不能為藉口，當然是不願意而不為的原故。所以孟子特別揭穿這種社會常見的假面具。

不爲和不能
梁惠王篇上第七章
你能把泰山挾在胳肢窩底下而跳過北海嗎？
這我辦不到。
你能替我折一樹枝給我嗎？
這我辦不到。
挾泰山以超北海，的確是件不可能做到的事，若說爲老者折取樹枝而不能，這就是不爲而非不能了。
能力做不到的是「不能」；做得到而不去做是「不爲」。人往往「不爲」而諉稱「不能」。

夫撫劍疾視曰：「彼惡敢當我哉！」此匹夫之勇，敵一人者也。
梁惠王篇下第三章
手按寶劍，睜目怒視說：
他怎麼敢抵擋我呢？
酒
這是匹夫之勇，只能抵敵一個人而已。
勇之大小，不在一人敵與萬人敵之分，而在合義與否。義俠之舉，雖一人亦大勇；不義之師，雖舉國亦只是小勇。

勇有大小的分別，孟子所說的小勇，指的是血氣之勇，一時的衝動；大勇指的是由正義而產生的勇氣，由義理所發，才能勇往直前，義無反顧。

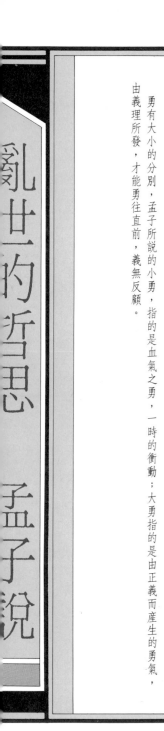

●鰥：
●哿矣富人：詩經小雅正月篇的詩句。哿音ㄍㄜˇ，「可以」的意義，「哿矣富人」——「富人還可以」。
●哀此煢獨：詩經小雅正月篇的詩句。煢音：ㄑㄩㄥˊ，哀傷，同情這些孤獨的人。

老而無妻曰鰥，老而無夫曰寡，老而無子曰獨，幼而無父曰孤；此四者，天下之窮民而無告者；文王發政施仁，必先斯四者。詩云：「哿矣富人，哀此煢獨。」

梁惠王篇下第五章

年老而無妻叫做「鰥夫」，
年老而無夫叫做「寡婦」，
年老而無子叫做「獨老」，
年幼而無父叫做「孤兒」。

這四種人是天下間苦而無處訴的人，文王施行仁政，必先保護這四種人。
詩經上說：富人是可以過活的了，最可憐的就是這些孤苦的人啊！
同情幼弱者，這是王者行仁政的出發點。

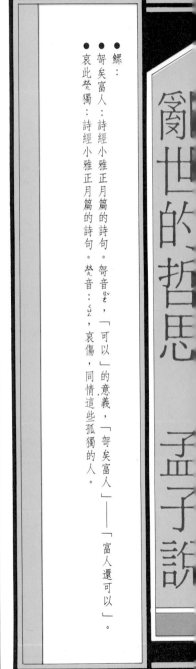

這是孟子的民權思想的流露，君臣的關係，是相對的，不是絕對的。君主的施政作為，戕賊了仁義，成為暴君，即是人所共棄的「獨夫」。殺之不是弒君，而是誅「一獨夫」。

梁惠王篇下第八章
齊宣王問曰：「湯放桀，武王伐紂，有諸？」孟子對曰：「於傳有之。」曰：「臣弒其君可乎？」曰：「賊仁者謂之賊，賊義者謂之殘；殘賊之人，謂之一夫。聞誅一夫紂矣。未聞弒君也。」
齊宣王問孟子說：
商湯放逐夏桀，周武王興兵伐商紂；究竟是否眞有其事嗎？
在古書上是相傳有的。
桀紂是君，湯武是臣，臣子去弒國君，是可以的嗎？
傷害仁道的人叫做賊；毀壞義理的人叫做殘；賊仁殘義的人就叫做獨夫。
我只聽說武王殺了一個獨夫紂，沒有聽說武王殺過國君的啊！
君爲民而設，不以民爲重，即失其君之職責；桀紂暴虐，殘民以逞，故湯武行仁，弔民伐罪。

本篇最能見孟子尊王賤霸的強烈主張，撻伐當時的君主，表示了他的政治主張和道德勇氣，影響後世最大的，卻是知言養氣的人生修養和大丈夫的品格，以這偉大的情操，來評論政治及現實。自與政治家所見不同。

公孫丑篇

任何事情的完成，都有時間和先後次第的問題，不能躐等速成，違反這一法則，就如孟子所說的揠苗助長，會產生枯槁的摧殘作用。

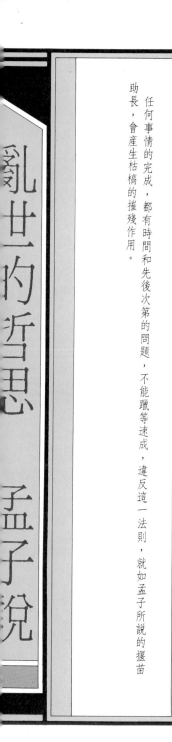

亂世的哲思 孟子說

孟子遭逢的時代，賤王而尊霸，當時的君王，所羨慕的是五霸的功業，孟子反對、貶抑這種思想，認為霸主只能以力服人，只能服人之口，不能服人之心。不是不反抗，而是力量不足以反抗。

以力服人者，非心服也，力不贍也。以德服人者，忠悅而誠服也。

公孫丑篇上第三章

拿武力去降服人，人不是眞心服氣，只是力量不足罷了；
力氣輸給你罷了，沒什麼了不起。

拿德行去降服人，人是心中喜悅而誠心信服的。

王者出於誠心，眞摯愛人而無意服人，故得到別人的信服；霸者出於武力征服，虛假名義而多詐僞，故人只是勉強屈服罷了。

●乍見孺子：乍見，突然看見。孺子，即小孩。
●怵惕惻隱：怵惕，恐懼的意思。惻隱，痛切的同情。
●內交：即納交。
●要譽：求名譽。

公孫丑篇上第六章
凡人皆有不忍人之心者；今人乍見孺子將入於井，皆有怵惕惻隱之心；非所以內交於孺子之父母也，非所以要譽於鄉黨朋友也，非惡其聲而然也。
啊！
有人忽然看見有個孩子快要跌到井裡去。
無論是誰都會有驚駭和憐憫的心情表現出來；
危險！
哇！
這並非想藉此去結交孩子的父母……
也不是想獲得別人的讚賞，更不是嫌惡那求救的呼聲而這樣心動的。
人皆有憐憫的心，沒憐憫心的人，就不是人；沒有羞恥心的，也不是人。

大舜有大焉
善與人同
公孫丑篇上第八章
子路，有人告訴他有過失，他就喜歡。
夏禹聽見人說一句善言，就感激得下拜。
大舜比他兩人更偉大，有善言善行，必和人公開與共同。
能犧牲自己的私心，去服從衆人的公意，喜歡取人的善以爲模範。
他從種田、燒窰、捕魚，一直到做皇帝，沒有不是取人之長以爲法則的。
聖賢好善的誠心沒有窮盡，舜比別人偉大的地方就是他能取人爲善，與人爲善。

聞善言則拜，足證有從善的誠意，取人為善，則有行善的動力；能與人為善，則有影響他人，形成風氣的領導羣倫氣慨。

滕是接近魯的小國，文公是有志於孟子主張的賢君，孟子道性善，言必稱堯舜和很重要的政治主張，很多揭露在本章。同時對與他不同的思想與主張，孟子也大加撻伐，對儒家思想的堅持和發揚雄辯滔滔，顯示了批判精神和擇善固執。

滕文公篇

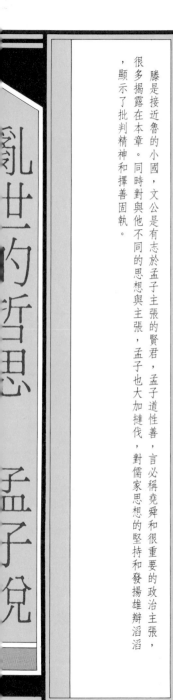

聖人是儒家最嚮往的境界！但是聖人並不是神，也不是與天俱來的，全是努力作為的結果！能不能成為聖人，首先由立定志向，有最基本的看法——「有為者亦若是！」

舜何人也，予何人也，有爲者亦若是！
滕文公篇上第一章
舜是怎樣的人呢？
我是怎樣的人呢？
只要我有志去做，也能像他一樣啊！
聖人也是人，聖人的偉大，也是努力的結果。舜是偉大的聖人，並不是高不可攀呀！

● 趙簡子：春秋時晉國的大夫趙鞅，簡是諡號。子是尊稱。
● 王良：善駕馬的人，左傳哀公二年作「郵無恤」。國語晉語作郵無正，即郵良。
● 辟奚：嬖乃喜愛的意思，奚是人名。

枉己者，未有能直人者也。
滕文公篇下第一章
從前趙簡子令王良替他的寵臣「嬖奚」駕車去打獵，打了一天却連隻禽鳥也射不到……
王良眞是全天下中，最差勁的駕車手了！
是嗎？
嬖奚獵不到鳥獸，却怪罪你不會開車。
請再給我一次機會，讓我再替他駕一回車看看。
王良再三的要求，嬖奚才勉強答應，果然只一個早上就射到了十隻鳥獸……

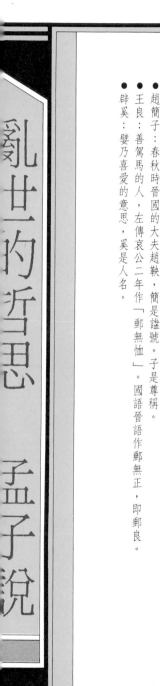

王良眞是全天下中，最會駕車的好手啊！
既然這樣，我就叫他專替你駕車吧！
嬖奚很欣賞你的技術，你就專替他駕車吧？
這我不答應。
我替他駕駛，依照馳驅的規則駕車，他卻一天到晚射不到一隻鳥獸；
後來再替他駕駛，不照規則駕車，他卻一個早晨就射到十隻鳥獸。
詩經上說：「駕車人不失去馳驅的規則，射手一發就能中的。」我不慣和那不懂規則的人駕車，請辭去這個差使吧。
君子守身以正，不可放棄自己的正道去遷就別人的不正。

枉屈了自己，去攀附當時的諸侯，孟子認為決不能產生矯正的作用，因為矯枉要靠正直，自己已枉屈了，不守正直的原則了，當然無法矯正別人。

孟子所標榜的「大丈夫」，實際上是「道德上的臣人」之意，不但要有道德的抱負和素養，而且要經過起富貴、貧賤、威武的考驗。這三關卡，通得過的人，不是很多。

滕文公篇下第二章

居天下之廣居，立天下之正位，行天下之大道；得志與民由之，不得志獨行其道；富貴不能淫，貧賤不能移，威武不能屈：此之謂大丈夫。
仁
禮
義
住的是仁道的廣宅，立的是禮法的正位，行的是義理的大路；
得志時，就領導百姓共同的如此做；不得志，就獨自實踐他所守的正道。
雖是富貴，不能動搖他的心意；貧賤，不能改移他的節操；
威武，不能挫折他的志氣。這樣的人，才叫做大丈夫！
光是有權有勢算不得什麼大丈夫；眞正的大丈夫是不淫、不移、不屈，不因外物而改其節志。

亂世的哲思 孟子說

每天偷鄰家一隻雞吃，是法律上的偷竊行為，被失主逮到了，却保證以後只每月偷一隻，而且以一年為期才停止，這當然是一則寓言，每個人都會原諒自己不當的行為，而且因循怠惰，不知立即悔改，才是這篇寓言的本意。

偷雞賊
滕文公篇下第八章
有個人，每天都偸隣家的雞。
咯！
咯！
咯！
嘻嘻嘻，我每天偸他一隻雞打牙祭。
這種行爲實在不是君子應該做的。
……
那麼，我以後少偸一點，每個月只偸一隻，然後到明年就洗手不幹。
知道自己做的事不正當，就必須馬上停止，那有延到明年才住手的道理。

離婁揭示了矩規的重要，道為根本，人人可求可尋，而仁義是「安宅」「正路」，是最好安身托命，行履安全的道路，可是相信的人太少了，依照做的人更少，「仁義」值多少錢一斤，豈不是最大的糟塌，也是最大的不幸。

離婁篇

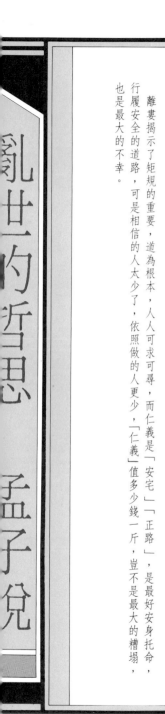

孟子言必稱堯舜，認為堯舜有模範作用。主聖臣賢，而天下治。故所效法的，是以聖王之心，成聖王之治。王與臣皆效法堯舜，此一目的，自易達成。

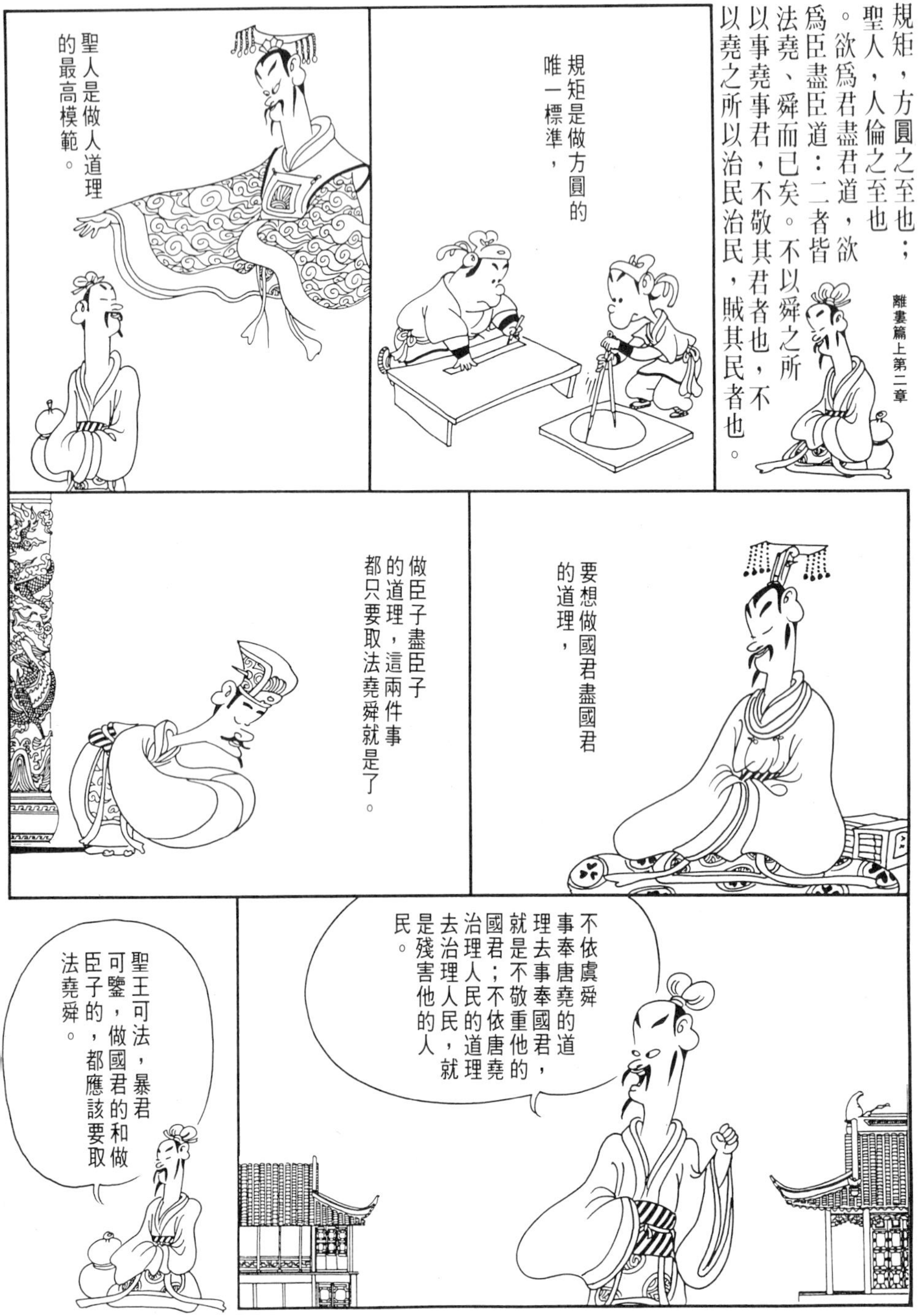
規矩，方圓之至也；聖人，人倫之至也。欲爲君盡君道，欲爲臣盡臣道：二者皆法堯、舜而已矣。不以舜之所以事堯事君，不敬其君者也，不以堯之所以治民治民，賊其民者也。
離婁篇上第二章
規矩是做方圓的唯一標準，
聖人是做人道理的最高模範。
要想做國君盡國君的道理，
做臣子盡臣子的道理，這兩件事都只要取法堯舜就是了。
不依虞舜事奉唐堯的道理去事奉國君，就是不敬重他的國君；不依唐堯治理人民的道理去治理人民，就是殘害他的人民。
聖王可法，暴君可鑒，做國君的和做臣子的，都應該要取法堯舜。

離婁篇上第四章

愛人不親反其仁；治人不治反其智；禮人不答反其敬。
我愛人，人却不親近我；
哼！
我就應反省自己的仁愛有没有缺點；
我治理人，却不能把人治理好……
哼！
我就應反省自己的智能有没有缺點；
我禮敬人，人却不回敬我……
哼！
我就應反省自己的敬意有没有缺點。

做人有原則和動機的一面，也有方法和態度的一面；存心愛人，動機純善，想把民衆治理好，加禮敬於他人，却得不到預期的效果和回報，所需自我檢討的，必然是方法不當，態度不佳。

處世的哲思 孟子說

我們的待人處事，常因態度的誠不誠懇；方法的對不對；結果的好不好；而收到預期的反應和效果，孟子認要反身以求，心正了，行為為正確了，自能感化他人。

大凡做事不能得到對方應有的反應，就應該在自己身心上反省，
等到自己的身心正了，那天下的人，自然都歸服你了。
詩經上說：『常常思念行爲是否合于天理，自己去求得那圓滿的幸福。』
人與人相處，像照鏡子；你對鏡子笑，鏡中人也對你笑了。做人不能只責求他人，應當經常反省責己以正身，盡其在我而已。

孟子曰：「人有恆言，皆曰：『天下國家』。天下之本在國，國之本在家，家之本在身。」
離婁篇上第五章
人常常說：「天下國家」……
國以家爲基本，
却未必知道天下是以國爲基本，
家以個人爲基本，所以說個人最重要。
人是天下的根本，有了個人才會有家，有家才會有國，有國才會有天下。所以說人爲貴，治理天下必須由修身開始。

人人都講「天下」、「國家」，放言高論，志向遠大。殊不知根本却在每一家庭、每一個人，個人不健全，會影響家庭和國家，乃致於天下，這與大學所說：「自天子以至於庶人，壹是以修身為本」，道理極為相合。

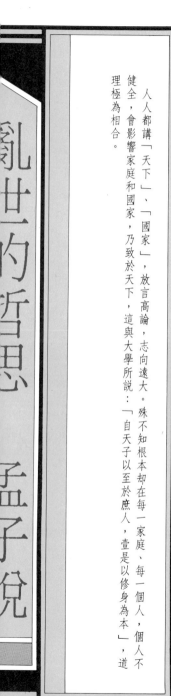

自尊自主，是個人和家國的原則和希望，但能否達到這個目的，都決定在主體的作為，不是外力所可左右。

人必自侮，然後人侮之；家必自毀，而後人毀之；國必自伐，而後人伐之。
離婁篇上第八章
人必定先自己不尊重自己…
然後別人才不尊重他；
家也必定先自己毀壞，然後別人才敢毀壞他。
他們兄弟自己不和了，趁這時去欺負他們。
這是好機會。
一個國家也必定先內部自我攻伐，然後別的國家才攻伐它。
禍福之來，皆由自取；國破家亡的慘禍，都是不仁的人自取的。物必先腐，而後蟲生。

太甲曰：「天作孽，猶可違；自作孽，不可活。」

離婁篇上第八章

書經太甲篇說：「天造的災孽，還可以逃避……
自己造的災孽，就難以逃免了。
幸福與禍患都是自己去招來的，自找的禍患、自己造的孽，只能自己去承受後果了。

人生有幸有不幸的區別，水旱、病疫等災害，是所謂的「天作孽」，尚可用人力去抗拒或逃避；自己的行為違法犯紀，犯下了罪惡，要受法律的制裁，輿論的指責，良心的不安，是不能躲避。

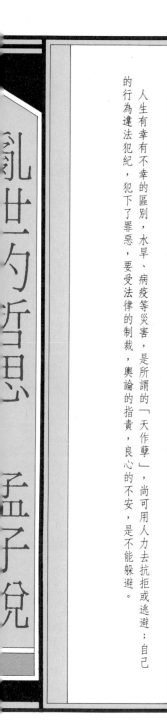

孟子曰：
「道在爾而求諸遠，事在易而求諸難。人人親其親，長其長，而天下平。」
離婁篇上第十一章
平天下的道理就在眼前，却偏要向遠處去求尋；
道
平天下的事情極其容易，却偏要向難處去著手。
只要人人親愛他的父母，尊重他的長輩，天下就可以平治了。
平天下的道理非常簡單，就在眼前，只要人人親親敬長，各盡人倫之責。

●爾：邇字的假借，「近」的意思。
●親其親：上親字動詞，下親字是名詞，親愛他的親人。
●長其長：長音ㄓㄤˇ，上長字是動詞，下長字是名詞，敬順他的長輩！

這是孟子的「相人術」，不同於江湖術士的摸骨看相，乃是對人生經驗的累積，衆生相的觀察，得出這一知人的經驗。「知人之明」，是很難得的智慧，有了這種智慧，才能親君子，遠小人；離損友，近益友。

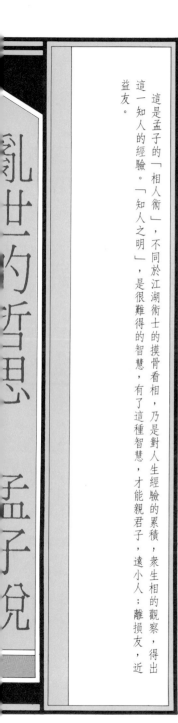

離婁篇上第十七章
淳于髡曰：「男女授受不親，禮與？」孟子曰：「禮也。」曰：「嫂溺則援之以手乎？」曰：「嫂溺不援，是豺狼也。男女授受不親，禮也；嫂溺援之以手者，權也。」曰：「今天下溺矣，夫子之不援，何也？」曰：「天下溺，援之以道，嫂溺，援之以手，子欲手援天下乎？」
淳于髡問孟子說：
男女不能彼此直接用手相接受，這是禮嗎？
是禮。
如果嫂子掉在水中，用不用手去救她呢？
嫂子掉到水裡，如不去救她，簡直就是豺狼；
男女不能直接用手相接受，這是常禮；嫂子掉到水裡，用手去救她，這是一時權宜。

天下的事情，有經有常，有權有變，經與常是正常狀況下的通則，權與變是特殊情況下的處理手段，不能守經不變，也不能藉權變為名，而規避應守的法則，孟子「嫂溺援之以手」，顯示的就是這道理。

以手援嫂很容易，以道援天下很困難，淳于髡並非不知道，他是希望孟子不要太固執，不知權變。孟子認為既然以「道援天下」，焉可不守正道呢？所以這場爭辯，是原則和方法上的爭執，孟子當然了解守經達權的道理，但是訖不改變自己的立場。

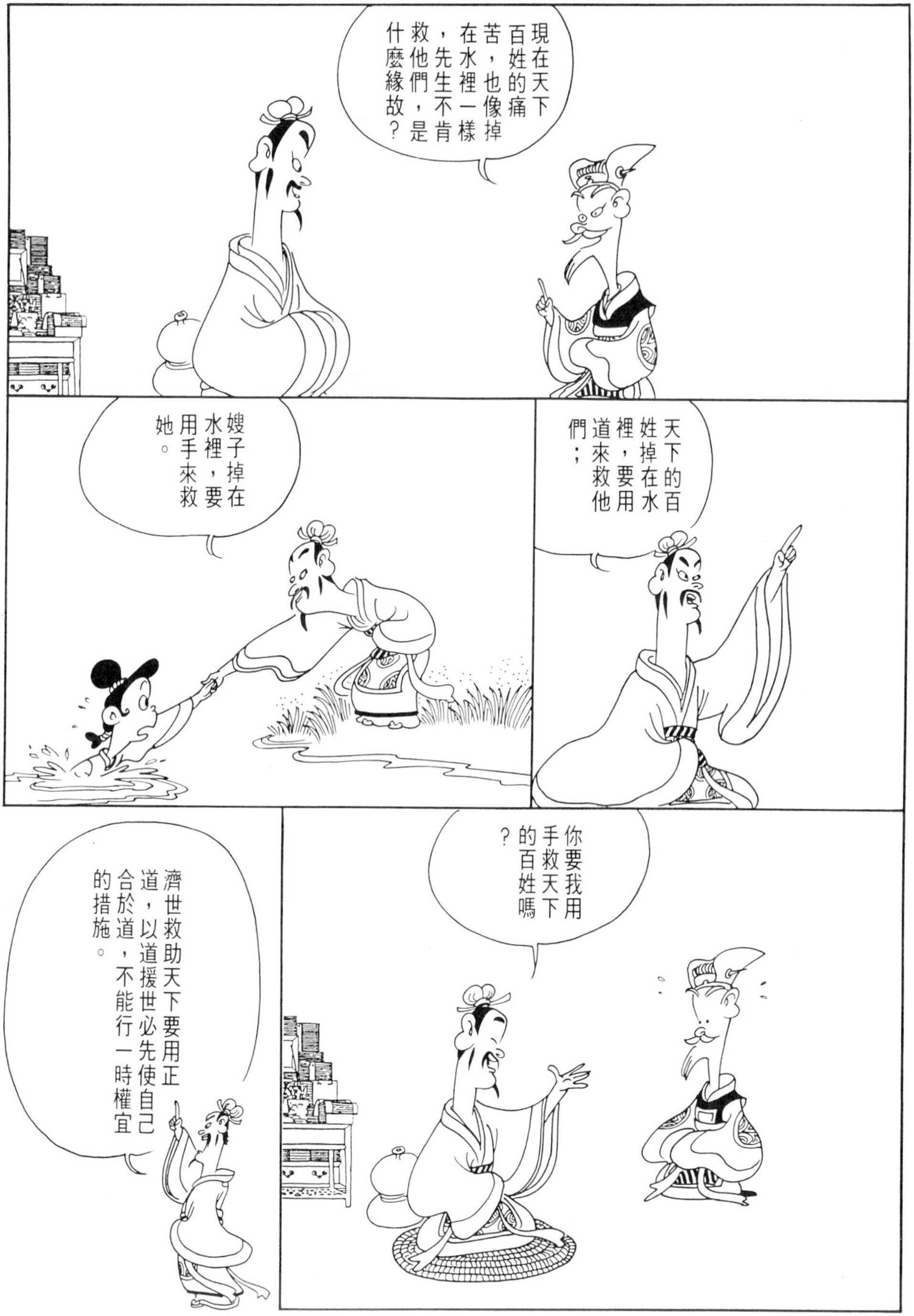
現在天下百姓的痛苦，也像掉在水裡一樣，先生不肯救他們，是什麼緣故？
天下的百姓掉在水裡，要用道來救他們；
嫂子掉在水裡，要用手來救她。
你要我用手救天下的百姓嗎？
濟世救助天下要用正道，以道援世必先使自己合於道，不能行一時權宜的措施。

亂世的哲思　孟子說

喜歡為人師，是自信、自滿、自大的心理因素使然。為人師是極不容易的事，喜歡為人師而又自大自滿，於己不再謙虛求進步，於人又不免誤導，這不是人之大患嗎？

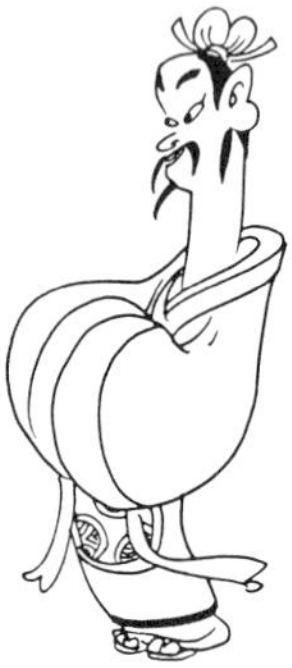

孟子曰：「人之患，在好爲人師。」

離婁篇上第二十三章

人最最大的憂患就是……

喜歡做別人的老師，太喜歡教導別人！

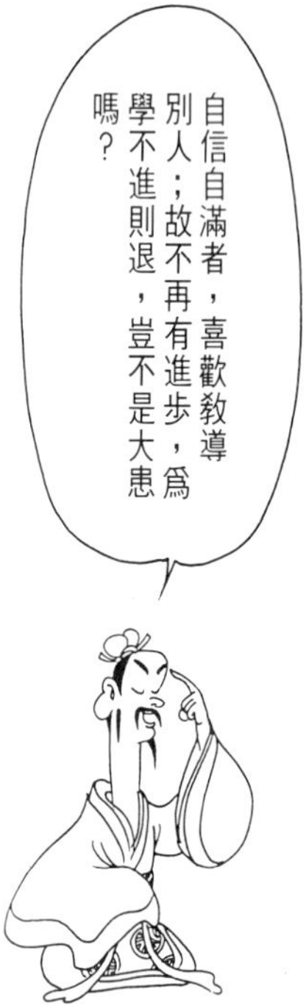
自信自滿者，喜歡教導別人；故不再有進步，爲學不進則退，豈不是大患嗎？

● 不孝有三，無後為大：趙岐的注解云：阿意曲從，陷親不義一也；家貧親老不為祿仕，二也；不娶無子，絕先祖祀，三也；三者之中，無後為大也。

● 舜不告而娶：堯以二女下嫁於舜，舜未曾使事前稟告父母，孟子認為是「從權」，不得已如此。不加責難。

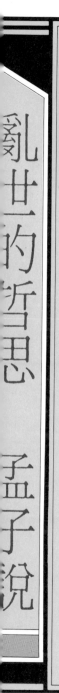

亂世的哲思 孟子說

●子產：春秋時鄭國的賢大夫，名公孫僑。
●溱洧：溱ㄓㄣ，洧音ㄨㄟˇ，鄭國二條水名。
●乘輿：坐乘的車子。
●徒杠：可以徒步通過的橋。
●輿梁：可以通行車子的橋。
●辟人：子產出行的時候，行人迴避他。

離婁篇下第二章

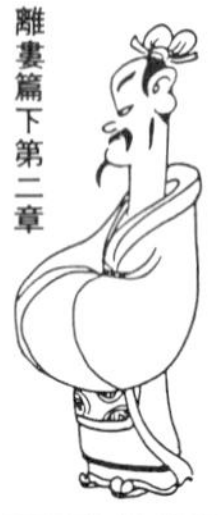

子產聽鄭國之政，以其乘輿，濟人於溱洧。孟子曰：「惠而不知爲政。歲十一月徒杠成，十二月輿梁成，民未病涉也。君子平其政，行辟人可也，焉得人人而濟之！故爲政者，每人而悅之，日亦不足矣。」**離婁篇第三十章**

當初子產治理鄭國，用自己坐的車子，在冬天載百姓渡溱洧二水。

孟子說：
這是小惠，却不知施政的道理。每年十一月乘農事完畢時，先把人行橋修好；

到十二月，再把通行車輛的橋修好。這樣百姓自然不會苦於赤足渡水了。

在上位的人，只要將政事辦妥，出行時叫百姓迴避都可以，怎能把自己的座車渡盡人人呢？
所以施政的人，要想施小惠討好人人，就是每天這樣做也來不及。

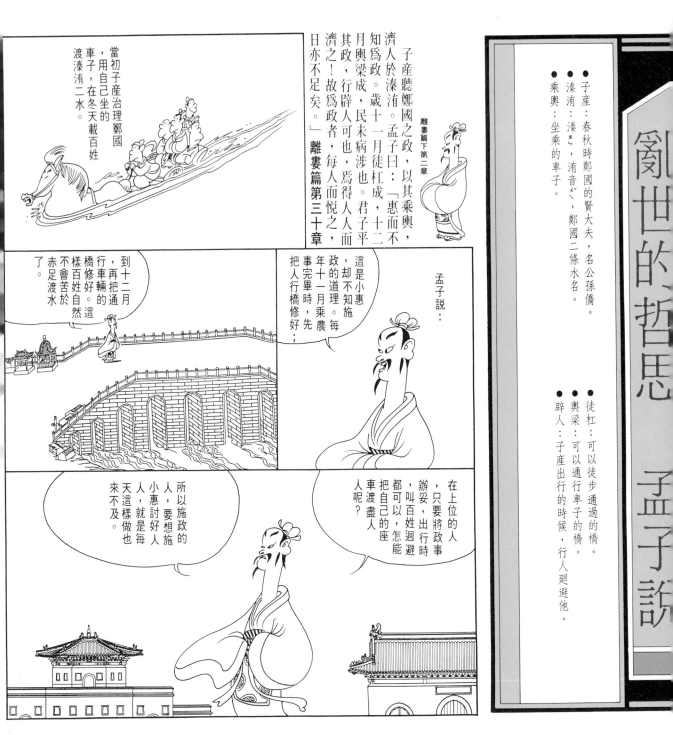

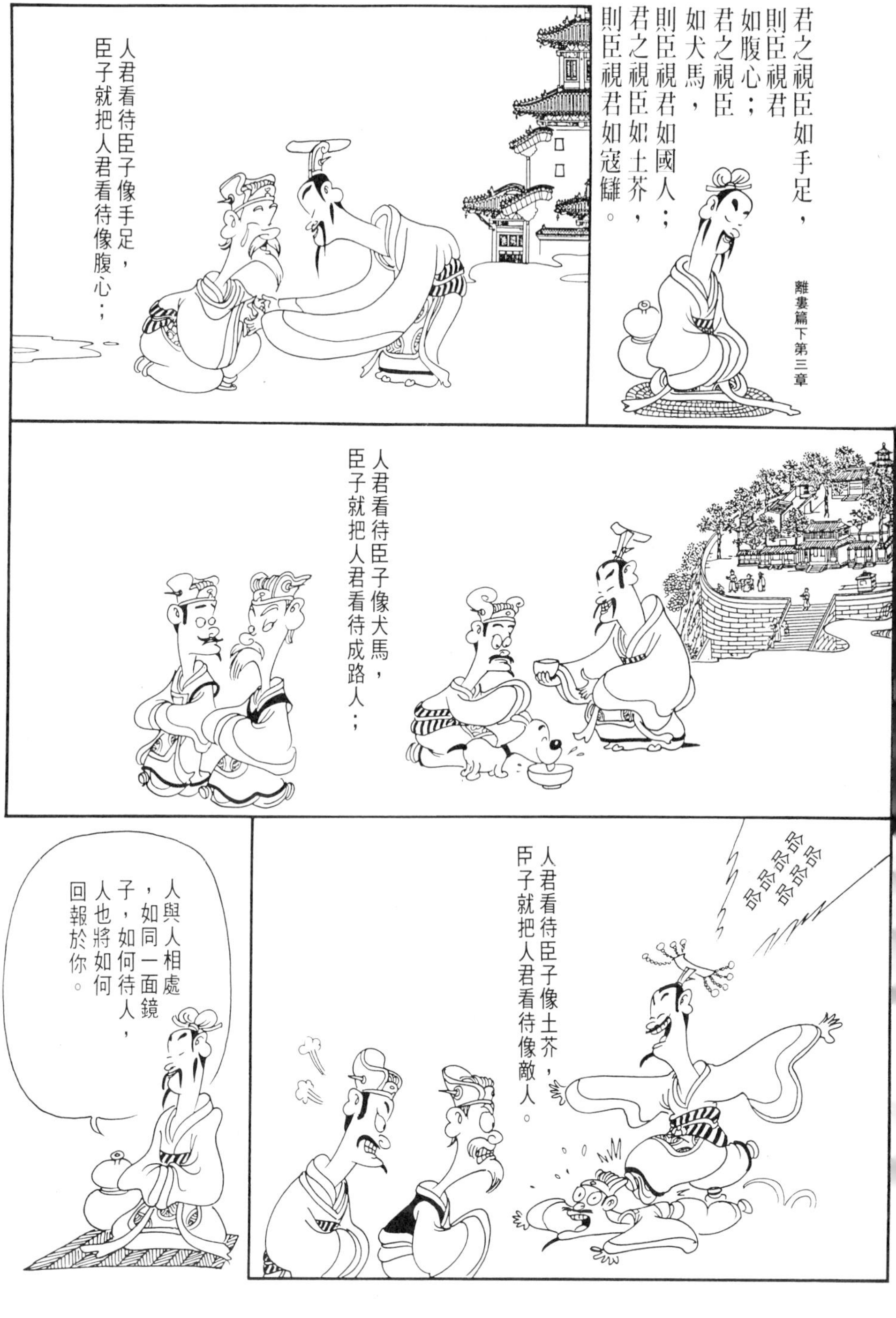
君之視臣如手足，則臣視君如腹心；君之視臣如犬馬，則臣視君如國人；君之視臣如土芥，則臣視君如寇讎。
離婁篇下第三章
人君看待臣子像手足，臣子就把人君看待像腹心；
人君看待臣子像犬馬，臣子就把人君看待成路人；
人君看待臣子像土芥，臣子就把人君看待像敵人。
人與人相處，如同一面鏡子，如何待人，人也將如何回報於你。

人與人是相對的，以專制時代君主的絕對權威，君主也不能要求臣民的絕對忠忱，故必君義臣忠。因為內心的忠忱，不是刑罰爵賞可以得到的。

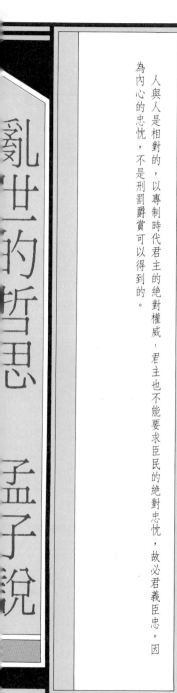

聰門的人，應能「見微知著」，「見機而作」，這一段話，是孟子遭逢強權、暴君，生存得不到法律等保障的感慨，教人避凶趨吉的法則。

離婁篇下第四章
孟子曰：「無罪而殺士，則大夫可去；無罪而戮民，則士可以徙。」離婁篇第三十二章
國君無故殺了士人……
哇！
！
那麼做大夫的就該離開這個國家。
平民沒有犯罪而被殺害……
！
哇！
那麼士人就該移居遷往他處。
事情發生之前必先有徵兆，君子處事，當見機而作，別待禍迫眉睫再謀對策。

孟子曰：「非禮之禮，非義之義，大人弗爲。」
離婁篇下第六章
行之以禮，實際不是禮；
行之似義，實際不是義。
正義之師
有德的君子是不會做的。
徒俱形式、表面、虛假的禮不是眞正的禮；假借義的名目，以達個人的欲望的義，非眞正的義。所以禮義的準則，然非察理精者莫能辨立。

禮和義都有形式和實質上的問題，例如男女授受不親，是禮的形式，可是見嫂嫂溺死而不伸手援救，孟子指斥為禽獸，正是這二句話的最佳解釋，不合乎禮的禮，不合乎義的義，如果照著去做，充其量只是形式主義者而已。

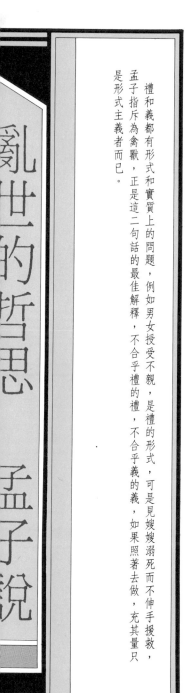

有所為，有所不為，不是相反的兩極，有所不為，是操持的堅定，有所為，是理想的選擇，有所不為在以成就有所為的理想！如果無所不為，決不能有為而成功。

人有不爲也，而後可以有爲。

離婁篇下第八章

一個人如能有不肯做的事

然後才能有偉大的作爲。

成功者必有自己明確的道路，不合乎於自己的道的，一定不會被迷惑。能有所不爲，才能有爲。

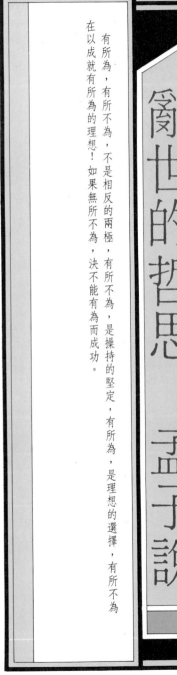

孟子曰：「言人之不善，當如後患何！」

離婁篇下第九章

這個人好壞好壞好壞哦！

你膽敢背後說我壞話！
專愛指摘別人短處的，要想到將來的後果怎麼樣。
好言人惡，受者必懷恨而圖報復於他日，其後果必不堪設想。

誰人背後無人說，那箇人前不說人！可是背人論人的不善，常會招致口舌之災，甚至反目成仇的後患。

孟子的志願，是學孔子，他體會了孔子一生的行事，是不做太過份的事，「不太過份」的界線似乎很模糊，但是孔子顯示了一個很合理的原則，就是：「己所不欲，勿施於人」，不如此，則不知道「不為己甚」的分際在那裏。

孟子曰：「仲尼不爲已甚者。」

離婁篇下第十章

孔子處世待人……
至聖先師
從不做太過份的事。
生活的態度應守分安常，自以中正爲宜，待人處世勿做過份的事，做絕了就無迴轉的餘地。

孟子曰：「大人者，言不必信，行不必果；惟義所在。」
離婁篇下第十一章
有道德的偉人，說的話不一定守信。
行事不一定要一定如此。
只要依照那義理所在一心去做就是了。
義
有道的人，他的言行不拘泥死板，一切皆以義理爲準繩。

守信是美德，但是不能守信而害義；行為有規矩，不能因此而傷理。所以義理的當不當，是行為的裁斷主要因素。

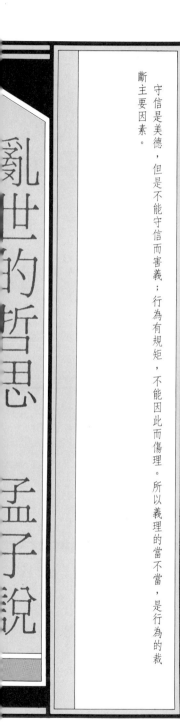

赤子之心，是指天真無邪，誠篤的初心，在上位的王臣大人，能在位高權重之時，保持這一純真，才是真正的「大人」。

大人者，不失其赤子之心者也。
離婁篇下第十二章
有德學的人……
哈哈哈
他一定永遠保持那孩提時的一片天眞。
保持著純一無僞的本性，去面對千變萬化的事情，才不會存忌害之心。

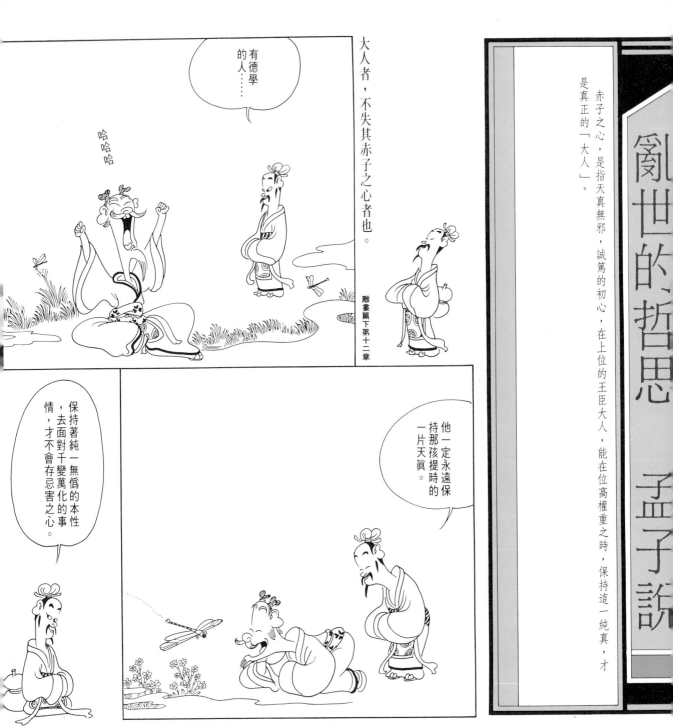

博約詳畧，是學問追求上的重要問題，博了以後，貴能返約，詳已後貴能得畧，就是由詳博之中，得出原則定理，融會貫通，得到精要！

孟子曰：「博學而詳說之，將以反說約也。」
離婁篇下第十五章
君子所以要廣博學問而詳盡研究……
就是要從融會貫通後，還歸到簡要的精義。
求學要注重心得，廣泛的吸收學問後，要能融會貫通，體會領悟出眞理來。

「由仁義行」，是順著人本具的善性，而使行為合於仁義，如果為著外在的誘因，可以得到榮名利養而去行仁義，那不是行仁義，換而言之，是一種交易行為。

人之所以異於禽獸者幾希；庶民去之，君子存之，舜明於庶物，察於人倫，由仁義行，非行仁義也。
離婁篇下第十九章
人和禽獸的區別，就在於人的天性具有仁義而已……
仁義
衆人不知仁義，往往把它拋棄了，君子是隨時知道仁義的可貴而保存它。
大舜是個聖人，他明白天下萬事萬物的道理，又詳細考察做人的大道；
完全順著天性的仁義去做，並不是勉強假借仁義的虛名而去施行的。
人性本善，君子全順自然的本性去做，並非認爲仁義有利於己，而假借仁義之名而去施行。

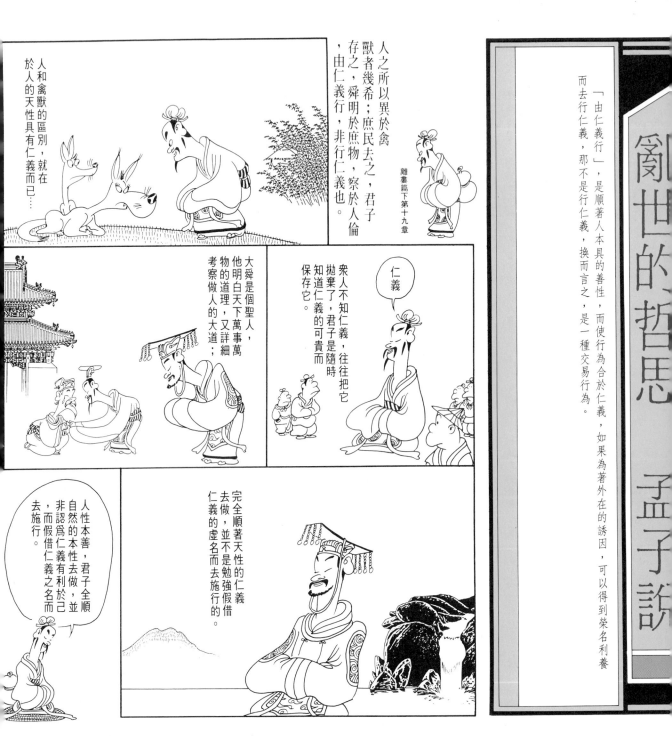

君子之澤，五世而斬；小人之澤，五世而斬。予未得為孔子徒也，予私淑諸人也。
離婁篇下第二十二章
君子流傳下來的德業，大約流傳到五代就完了；
平民流傳下來的事業，大約流傳到五代也就完了。
我雖沒能夠做孔子的門徒。
但孔子的德業還沒斷絕，還可以從傳授的人那裡學來修習呢。
凡人的德澤，不過五世；聖人的德澤，萬世流芳，吾承繼孔子的道統，傳仁義之道。

前人的恩澤會斷絕，但是學術思想則不然，能永久垂傳而不會隔斷，孟子的私淑孔子，便是最佳的例證。

逢蒙學射於羿。
離婁篇下第二十四章
夏朝時，有位名叫逢蒙的人，他到有窮的國君后羿那裡去學射箭……
不久，他已完全學會了后羿的箭術……
把他射殺了，我就是全天下最善射的人！
死吧！
咻！
哇！
公明儀說：『后羿似乎沒有什麼錯處。』這事后羿也有錯處啊！

●逢蒙：羿的弟子，荀子王霸篇作逢門，呂氏春秋具備篇作蠭蒙，淮南子原道訓作逢蒙子。

●羿、夏朝時后羿，有窮國的國君。

●公明儀：孟子以前的人，他的評論與孟子不同，非與孟子對話。

●鄭人：指鄭國。秋春時諸侯之一。
●衛：春秋時的諸侯，指衛國。
●吾死矣夫：夫同乎。

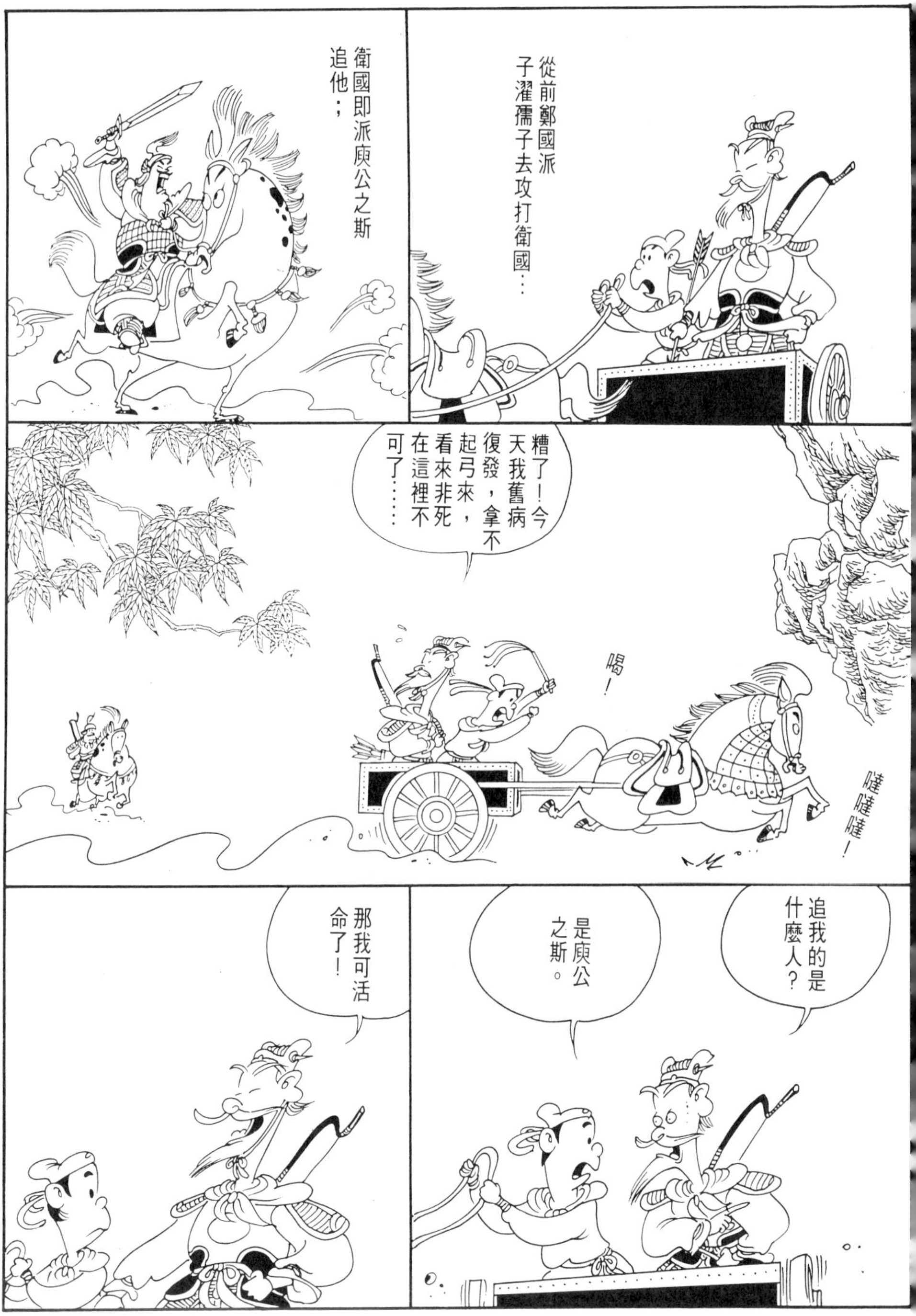

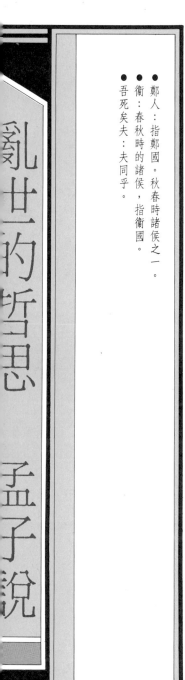

庾公之斯是衛國最會射箭的人，夫子却說能夠活命，這是怎麼說的呢？
庾公之斯的射箭之術是向伊公之他學的，而伊公之他的箭術是向我學的；
伊公之他是個正派的人，他所擇交的朋友也必定是正派的人。
他已經追上了。
別緊張，我來對付。
噠噠噠！
先生爲何不拿了？
今天我舊病復發，拿不起弓來。

- 「抽矢扣輪」：利用車輪，扣出箭頭。
- 去其金：「金」指箭頭。
- 發乘矢：四枝箭。

逢蒙學射箭於羿，最後殺了羿，依理而論，羿並沒有過失，可是孟子認為羿仍然有知人不明，教導有失的責任，如是舉子濯孺子和庾公之斯的故事為說明。

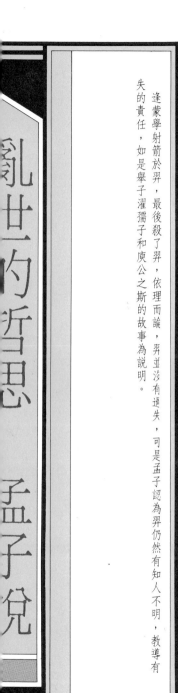

美好的外表，有惡德穢行，也會被人避之則吉，不欣賞其絕色；有美德善行，雖醜惡之人，也可祭祀上帝，為神所接受。

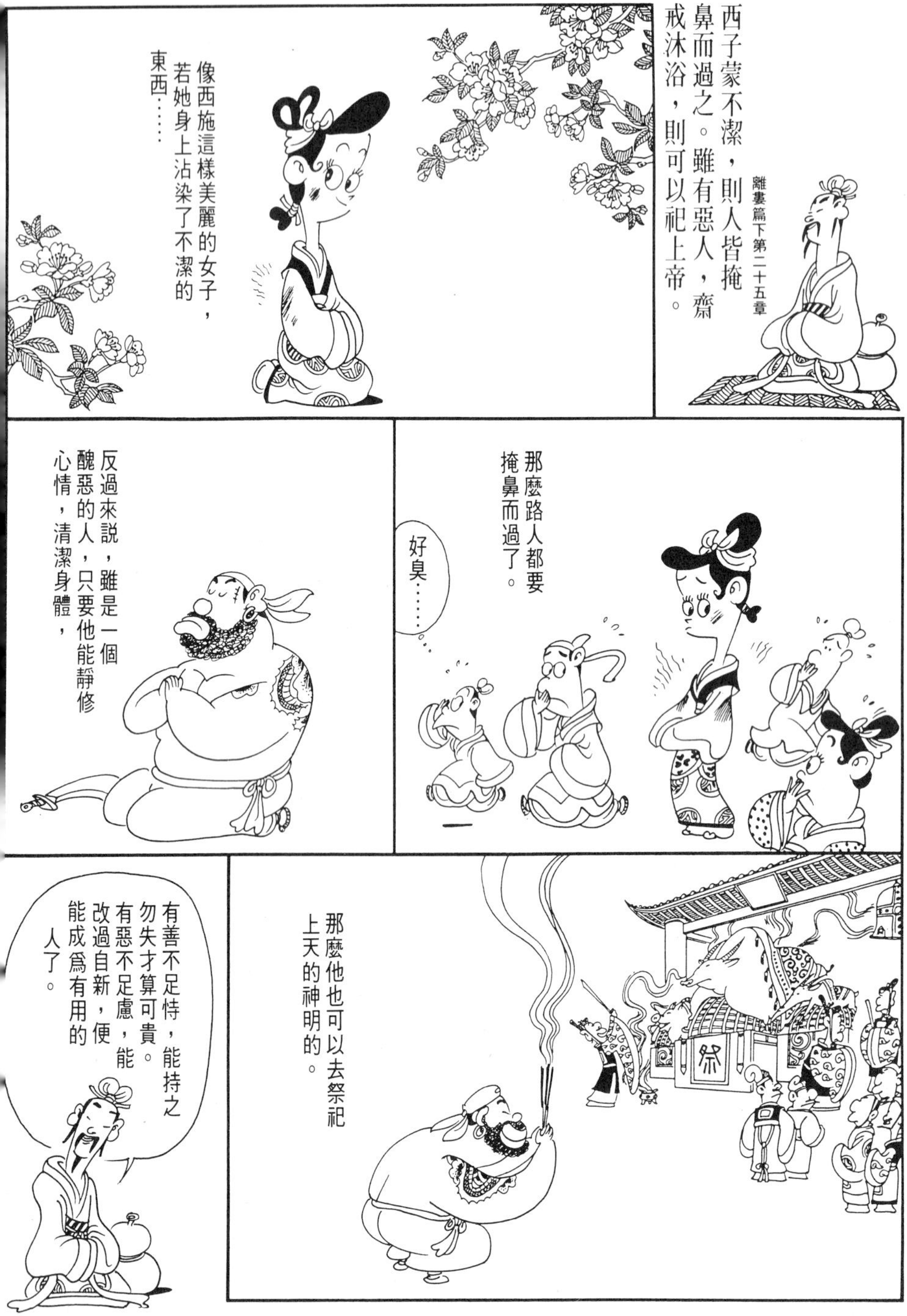
西子蒙不潔，則人皆掩鼻而過之。雖有惡人，齋戒沐浴，則可以祀上帝。
離婁篇下第二十五章
像西施這樣美麗的女子，若她身上沾染了不潔的東西……
那麼路人都要掩鼻而過了。
好臭……
反過來說，雖是一個醜惡的人，只要他能靜修心情，清潔身體，
那麼他也可以去祭祀上天的神明的。
祭
有善不足恃，能持之勿失才算可貴。有惡不足慮，能改過自新，便能成爲有用的人了。

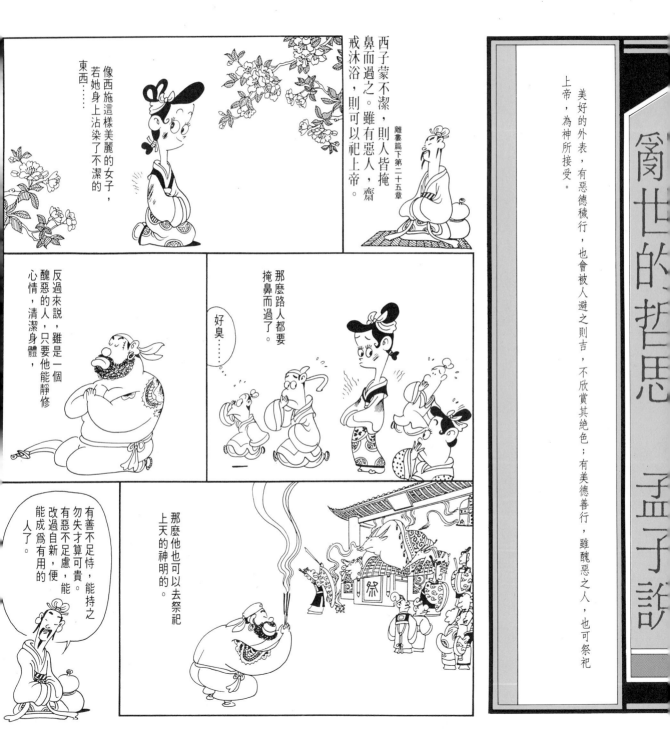

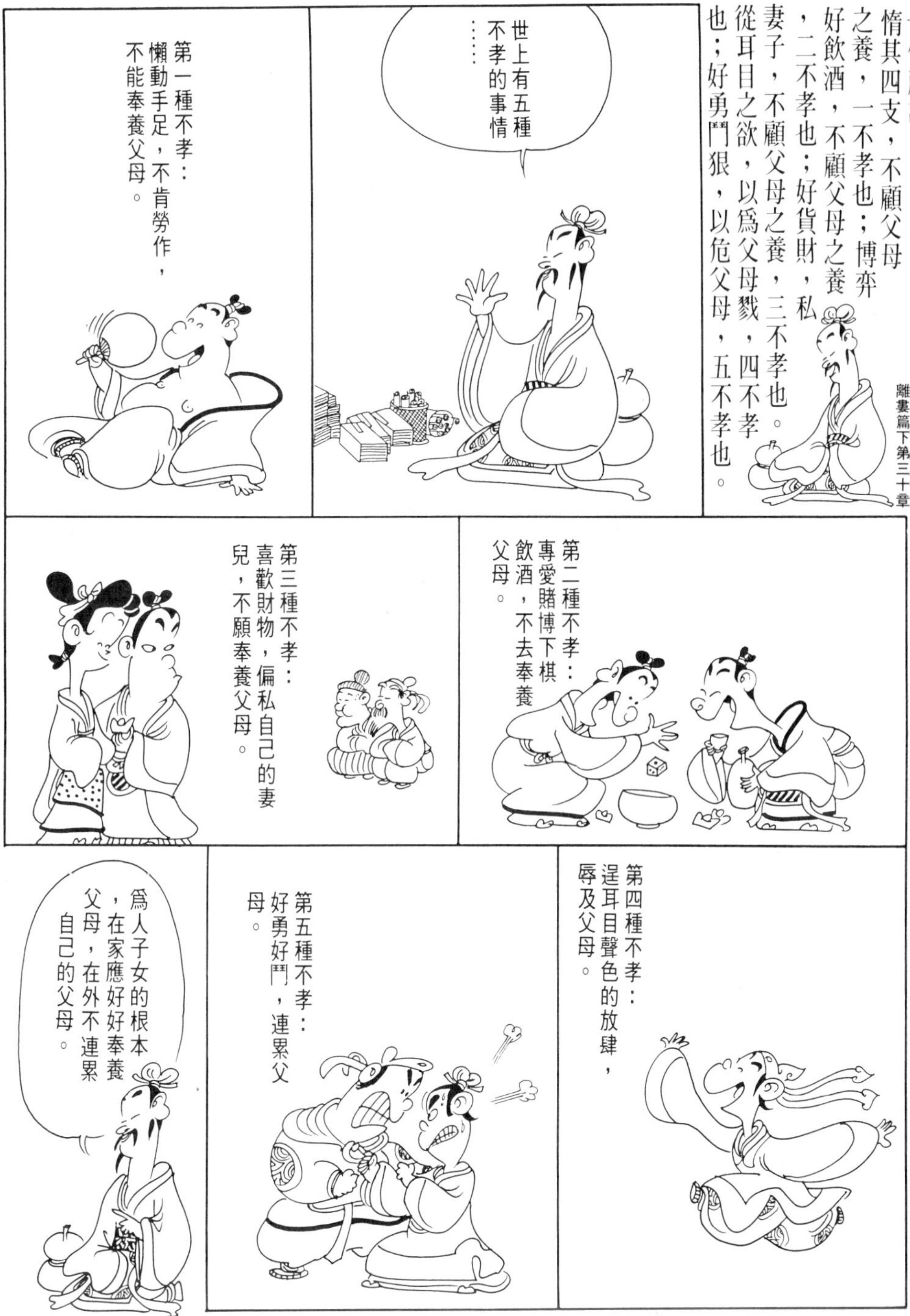
惰其四支，不顧父母之養，一不孝也；博弈好飲酒，不顧父母之養，二不孝也；好貨財，私妻子，不顧父母之養，三不孝也；從耳目之欲，以爲父母戮，四不孝也；好勇鬥狠，以危父母，五不孝也。
離婁篇下第三十章
世上有五種不孝的事情……
第一種不孝：懶動手足，不肯勞作，不能奉養父母。
第二種不孝：專愛賭博下棋飲酒，不去奉養父母。
第三種不孝：喜歡財物，偏私自己的妻兒，不願奉養父母。
第四種不孝：逞耳目聲色的放肆，辱及父母。
第五種不孝：好勇好鬥，連累父母。
爲人子女的根本，在家應好好奉養父母，在外不連累自己的父母。

● 四支：即四肢。
● 從耳目之欲：徇從耳目感官的嗜欲。
● 以為父母戮：戮僇的假借字，音ㄌㄨˋ，侮辱的意思。

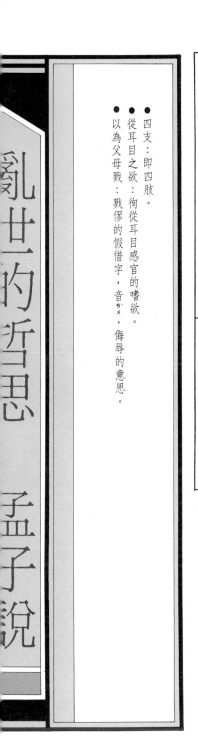

人的形體外貌，是大同而小異的，成聖成賢，淪為小人惡人，是行為的累積所致。行為的別異，又係心志觀念，理性思想使然。聖賢英雄，在外表上是常人相同的。

離婁篇下第三十二章
儲子曰：「王使人瞯夫子，果有以異於人乎？」孟子曰：「何以異於人哉？堯舜與人同耳。」
齊人儲子告訴孟子說：
齊王派人來偷看先生，看看先生有沒有異於常人的地方。
哈哈哈，怎麼會和常人不同呢！
就是堯舜，也和常人一樣的啊！
聖賢的外貌與常人並無兩樣，聖賢所異於常人之處，就是心存仁義之道。

亂世的哲思 孟子說

●良人：古時婦人稱丈夫，等於後的稱「郎」。
●厭食：吃飽的意思。
●瞯：窺伺的意思。
●施從：音ㄧˊ，繞路邪行。
墦間之祭者：墦、墳墓，祭者，指掃墓人。
訕：譏罵。
施施：儼然自得的樣子。

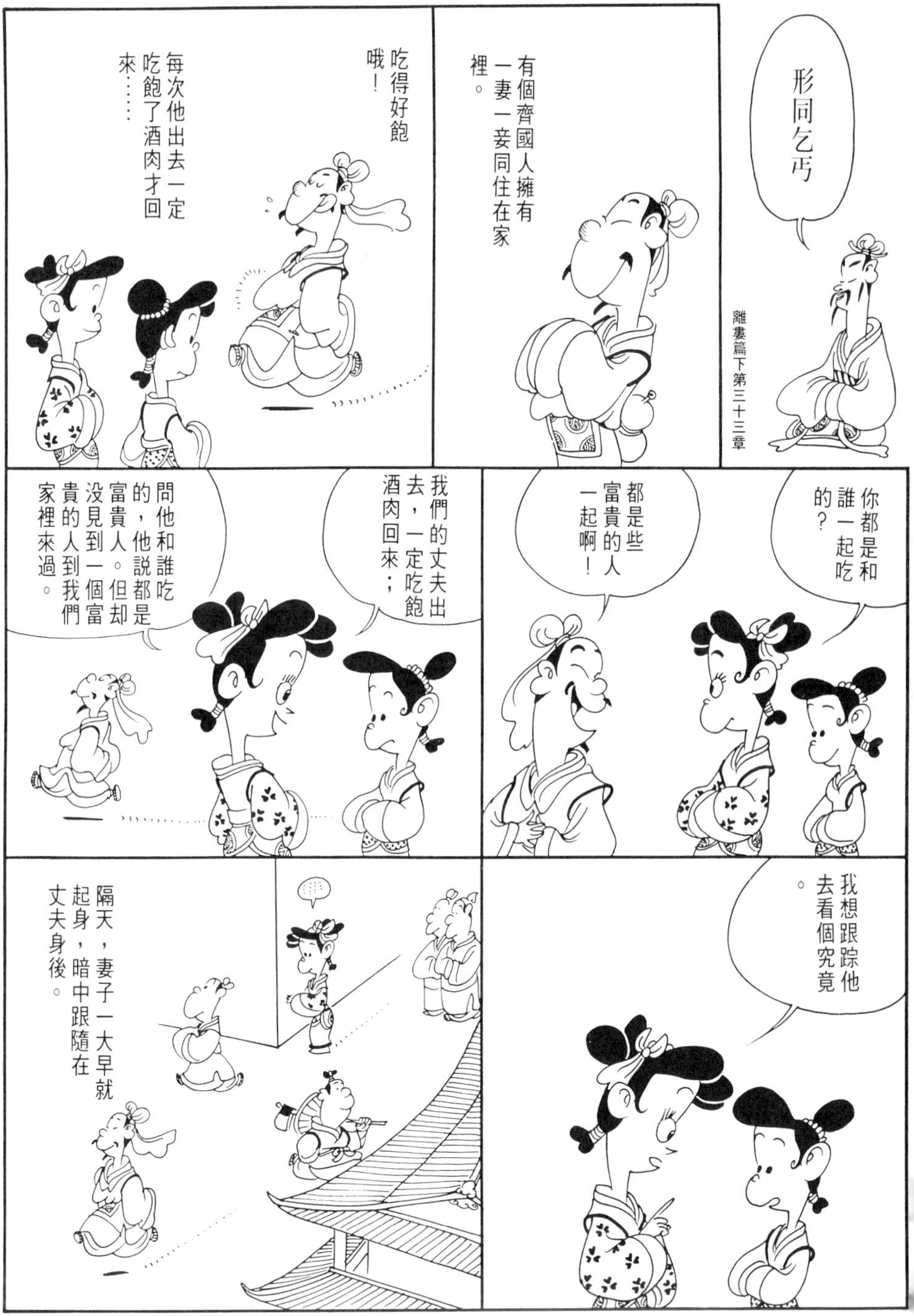

形同乞丐
離婁篇下第三十三章
有個齊國人擁有一妻一妾同住在家裡。
吃得好飽哦！
每次他出去一定吃飽了酒肉才回來……
你都是和誰一起吃的？
都是些富貴的人一起啊！
我們的丈夫出去，一定吃飽酒肉回來；
問他和誰吃的，他說都是富貴人。但卻沒見到一個富貴的人到我們家裡來過。
我想跟蹤他去看個究竟。
隔天，妻子一大早就起身，暗中跟隨在丈夫身後。

走遍了全城，也沒有一個人和他交談啊
最後來到城東的墳場⋯
求您給我點祭拜的酒肉吃好嗎？
啊⋯
拿去邊邊吃！別在這兒礙事。
謝謝，謝謝！
好吃！好吃！

這則故事，是罵厚顏無恥，「乞憐昏夜，驕人白晝」而發，是最早的官場現形記。

這是孟子對希求富貴而喪失品格，形同乞尾乞憐的人的針砭。凡是求富貴利達的，都屬於外求，很少不看人臉色，討人喜歡的。所以孟子注重「內求」，求自己品行、學問、技藝的有成就，成不成功，是由我作決定。

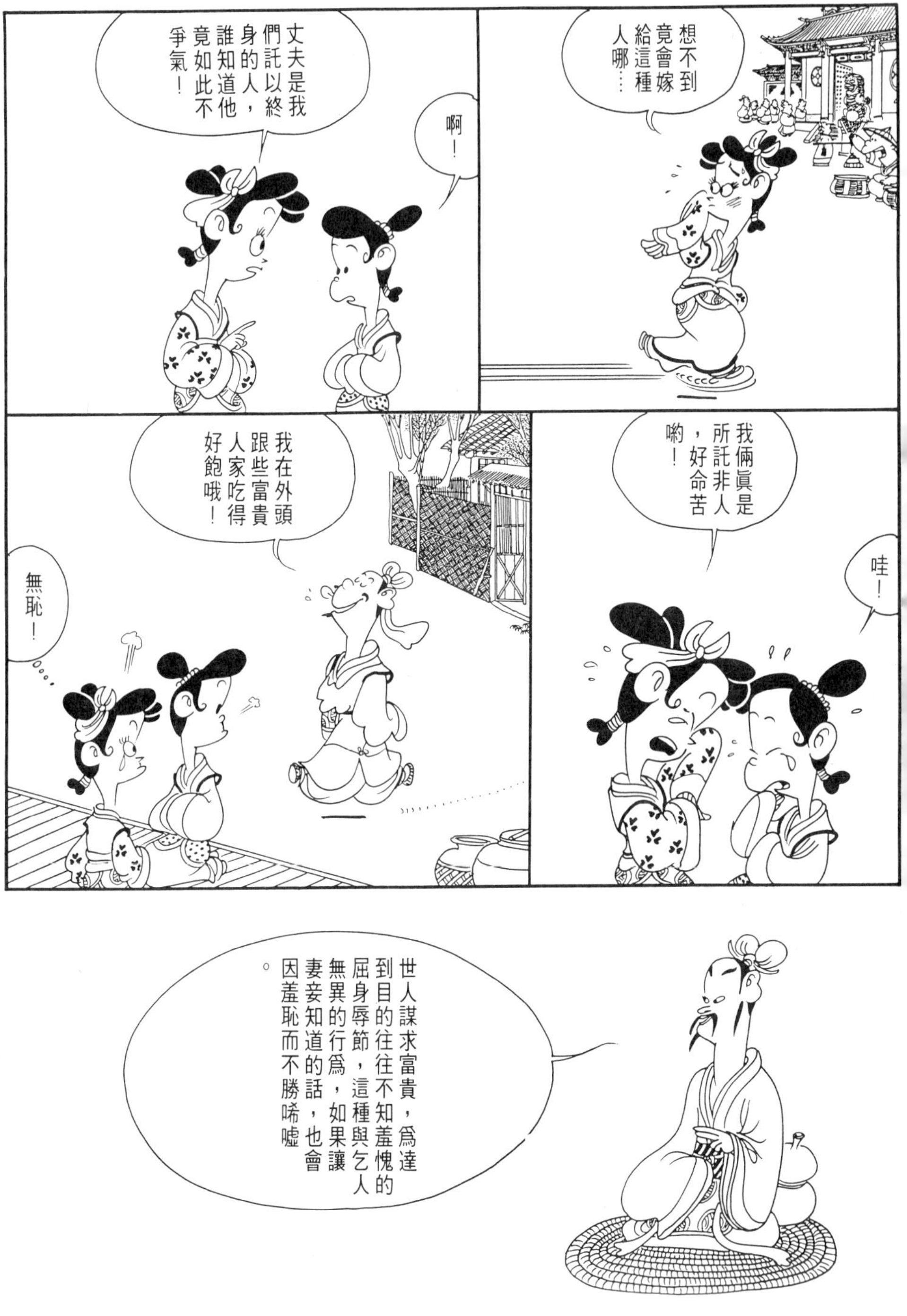
想不到竟會嫁給這種人哪⋯⋯
啊！
丈夫是我們託以終身的人，誰知道他竟如此不爭氣！
我倆眞是所託非人，好命苦喲！
哇！
我在外頭跟些富貴人家吃得好飽哦！
無恥！
世人謀求富貴，爲達到目的往往不知羞愧的屈身辱節，這種與乞人無異的行爲，如果讓妻妾知道的話，也會因羞恥而不勝唏噓。

非聖人不足以知聖人，本篇孟子對於舜禹的推崇，伯夷、伊尹諸聖境界的認定，推崇孔子為集大成的聖之時者，奠定了人類人格完美的尋求境界，其功至偉。

萬章篇

欺之以方
萬章篇上第二章
從前鄭國有人送活魚給子產……
把這條魚養在池子裡。
是。
這麼肥的魚正好吃了，還養牠幹嘛。
管池的小吏就把魚煮熟吃了。
魚現在養得如何？
起初把那魚放到池裡，還不太自在；不一會，就舒展身子游到池子的深水裡去。
這魚眞得到了安逸的所在了！
嘻嘻嘻
誰說子產聰明呢？我已經把魚煮來吃了，他還說：「魚得到了安逸的所在」呢！
對於君子是可以用合情合理的事去欺騙他，卻不可以用不合情理的事去蒙蔽他。

聰明的人，不能週知一切，更不可能拆穿所有的欺騙，而且常以己心忖人，因而更容易受到合情合理的謊言和騙局所欺。但是對他的明智和人品，決沒有任何的損害，反而是說謊、欺騙的人，倍現出小人嘴臉。

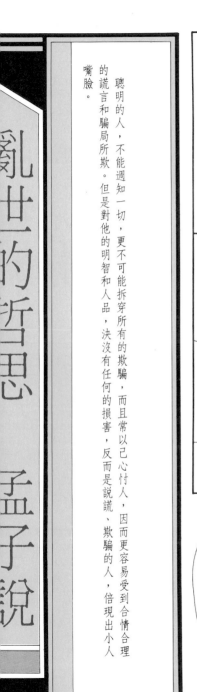

這是孟子自我期望的使命感，他認為人有才智的不同，故有先知先覺和後知後覺的分別，先知先覺有教導、指引後知後覺的任務，不能自私自利，秘術自珍。

天之生此民也，使先知覺後知；使先覺覺後覺也。
萬章篇上第七章
須知天所以生出這些人民，是要使先有知識的人去覺醒那後有知識的人；
使先明道理的人去覺醒那後明道理的人。
世人有先知先覺，有後知後覺；先知先覺的人不可獨善其身，而應教導別人。

告子相傳是孟子的學生，他於人性的主張，與孟子不同，認為人性是天生的，善惡是人為的，如以杞柳作成「桮」「棬」，非加工不可。孟子主張性善是人天然就具有的，在這一章中，相互爭持辯論，告子也不退讓，這是一場見仁見智的學術辯論，精彩而「執著」。

告子篇

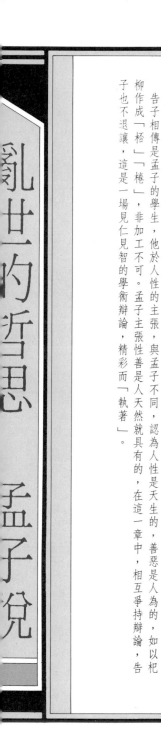

亂世的哲思 孟子說

●告子認為出於天生的才是人的本性，所以特舉好色作例子。認為仁是先天的，而義是後天的，不是出於人的天性，是一種客觀事實的當然認知。這是一種誤認。故孟子加以駁斥。

告子曰：「食、色，性也。」

告子篇上第四章

告子說：
愛吃好吃的東西，喜歡漂亮的美色，這是人的本性。
「仁」是從內心發出的，不是自外面來的。
「義」是來自外面的，不是從內心發出的。
爲什麼仁是發自內的，而義是來自外的呢？
好比他年紀比我長，我才以禮尊他爲長輩，並不是我預先有敬重他之心。
如同看見一樣東西的顏色是白的，就以白來稱它，是依照它的外表顏色而定的。
白
所以說義是從外面來的。

孟子認為白馬、白人的同屬白色，是外在的認定，可是「年長的人」、「年長的馬」，雖然也是外在的認定，但對「長馬」沒有敬意，對「長人」則有敬意，義不義並不只是外在的認定，而是我們的理性使然。也是出於內在的天性。

那白馬的白色，是同那白人的白色一樣沒錯……
不知尊重年紀老的馬，是不是也和尊重年紀長的人一樣呢？
並且，是說他年長合於義呢？還是說尊重他年長合於義？
我自己的弟弟就愛他；秦人的弟弟，就不愛他。
這就是從我喜悅的心所發出來的，所以說仁愛之心是在裡面的。

尊重楚國年長的人，也和尊重我自家年長的人一樣。
這就是從年長的現象所生的道理。所以說事物的義理是在外面的。
譬如喜歡吃秦人燒的燻肉，也和喜歡吃自家燒的燻肉一樣；
可見對那吃的東西，也同是一個喜歡的心罷了。
難道喜歡吃燻肉這事，也有個在外面的主意嗎？
事物的發生雖然都是外在的，但行其事的人，均發自於自己的內心，仁是由內發出，義也是由內發出的。

●長楚人之長：長音ㄓㄤˇ，上長字作動詞，尊敬的意思。末長字作名詞，年長人的意思。

●耆秦人之炙：耆同「嗜」字，「炙」燒好的肉。

世上常難有二全其美的事，在得其一必失其的情況下，必有所取捨，孟子強調的不是兩利相權取其大的原則問題，而是視成仁取義重於生命的高尚情操。

告子篇上第十章
孟子曰：「魚，我所欲也；熊掌，亦我所欲也。二者不可得兼，舍魚而取熊掌者也。生，亦我所欲也；義，亦我所欲也；二者不可得兼，舍生而取義者也。」
魚是我喜歡吃的，熊掌也是我所喜歡吃的……
如果兩樣不能兼得，只有捨棄魚而取熊掌。
生命是我所愛好的，義禮也是我所愛好的；
如果兩樣不能兼全，只有捨去生命而取義理。
生命雖然重要，但還有比生命更重要的「義」。保全本心的義，不要因私欲而失掉，就算要失掉生命去守義也在所不惜。

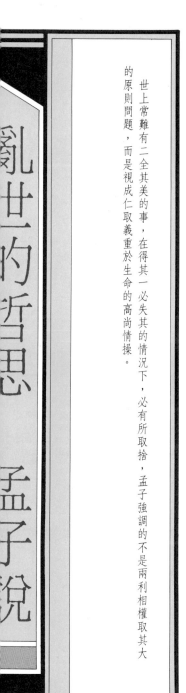

亂世的哲思 孟子說

孟子主張人性本善，認為仁義是人的正道，「由仁義行」，是極自然而正確的人生路道。並不需要任何的鼓勵和誘導。

孟子曰：「仁，人心也；義，人路也。舍其路而弗由，放其心而不知求；哀哉！人有雞犬放，則知求之；有放心，而不知求。學問之道無他，求其放心而已矣。」

告子篇上第十一章

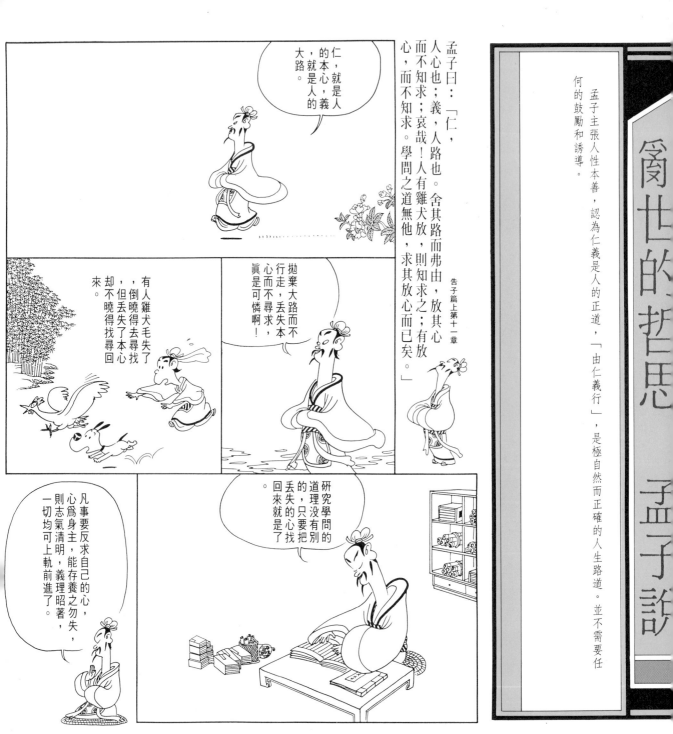

旁觀者清，自見則暗，是不省思反求的結果。孟子笑人知道養樹而不知道養身心，正係此故。

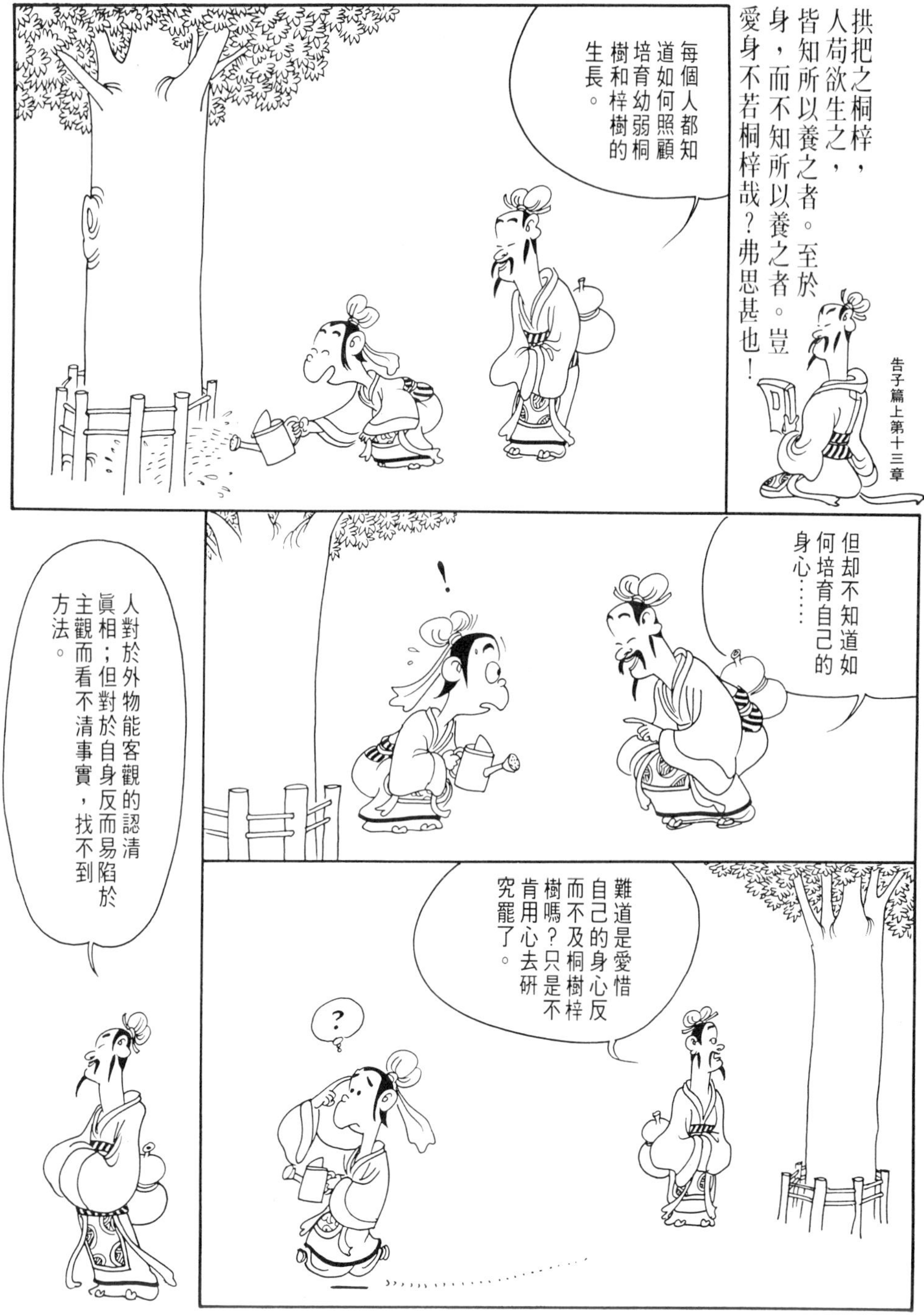
拱把之桐梓，人苟欲生之，皆知所以養之者。至於身，而不知所以養之者。豈愛身不若桐梓哉？弗思甚也！
告子篇上第十三章
每個人都知道如何照顧培育幼弱桐樹和梓樹的生長。
但却不知道如何培育自己的身心……
！
人對於外物能客觀的認清眞相；但對於自身反而易陷於主觀而看不清事實，找不到方法。
難道是愛惜自己的身心反而不及桐樹梓樹嗎？只是不肯用心去研究罷了。
？

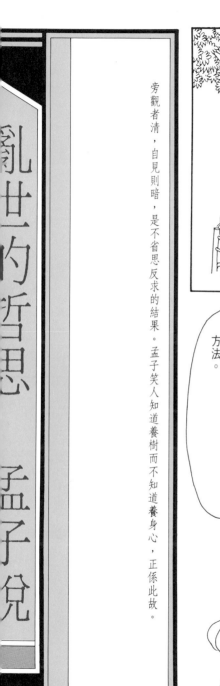

杯水車薪
告子篇上第十八章
仁道克勝不仁，如同水能克火一樣！
不仁
現在施行仁道的人，都好像用一杯水去救一車柴燒起的大火，火當然不會熄的。
他却反而說：
水眞的不能克火啊！
這種話，足以助長那不仁的氣燄，到後來也一定要弄到完全滅亡才罷休啊！
哇！
爲仁不力，反而怪罪仁不能克不仁。故應力行求仁，不可畏難而不行。

事物有質與量的問題，「杯水車薪」，不是水不能滅火，而是水的量不够，仁不能勝不仁，是小仁小義，或假仁假義的原故。

● 羿：夏朝時的諸侯，古時最善射箭的人。
● 彀：音ㄍㄡˋ，拉弓拉滿。
● 規矩：製器的工具；圓的叫規，方的叫矩。

羿之教人射，必志於彀；學者亦必志於彀。大匠誨人，必以規矩；學者亦必以規矩。
告子篇上第二十章
羿教人射箭，要用心將弓拉滿；
學射箭的人，也就必須用心將弓拉滿。
工師教人手藝，要依規矩做成方圓的東西；
學手藝的人，也就必須依照規矩做成方圓的東西。
無論小藝或大道，都有一定的方法，無論教者或學者，均須以此成爲法則，不能離開規矩準繩。

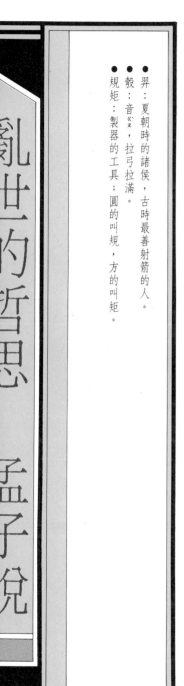

盡心篇

本篇有八十四章，是孟子七篇中章節最多的一篇，所以議論古今，主題雜錯。但孟子的不阿所好，獨立評判，理性照察的精神，表露無遺。其中最多智慧的引領，仔細體味，引為人生的照明燈，當無迷失的恐懼。

孟子認為心是思考的官能，性是天之所命，性善是天賦的本能，但是要由盡心的思慮功夫，才能知道人性的本善。所以人與天不是對立的，人可以知天，但是要從「盡其心，知其性」著手。

孟子曰：「盡其心者，知其性也；知其性，則知天矣。存其心，養其性，所以事天也。殀壽不貳，脩身以俟之，所以立命也。」
盡心篇上第一章
能夠發揮自己靈明本心的人，就可以知道自己自然的本性；
能知自己的本性，就可以知道天理。
保守住自己靈明的本心，培養著自己的本性，就是事奉原本的天啊！
短命或長壽，心裡一點都不加疑慮；只管專心修養自己的身心，等待那命數；這就是全立天命啊！
要講求事天立命，須從盡心下手。盡心之道，在存心，養性以事天；修身以立命。

亂世的哲思 孟子說

人的一生，脆弱而又有很多的未知數，生命隨時可以喪失，富貴貧賤，常不能自主，於是認為有命運的存在。孟子承認了這一點，但是不祈求神或其他的力量，得到或加以改變，顯示了盡人事聽天命的意義。

莫非命也，順受其正。是故，知命者，不立乎巖牆之下。盡其道而死者，正命也；桎梏而死者，非正命也。
人生的吉凶禍福，没有不是天命的，只要順從聽受那正當的命運就是了。
所以知道正命的人，不站在將要覆倒的牆下。
全盡天道而後在的，是天命的正命；
犯罪受拘罰而死的，不是天定的正命
人要守義安命，知命者，必能盡其本分；人事合理，即符天道而得正命。

孟子曰：「待文王而後興者，凡民也。若夫豪傑之士，雖無文王猶興。」
盡心篇上第十章
必須等到有了文王那樣的敎化才能奮發向上的，是一般的常人。
至於有非常才智的賢傑，那就不必等待像文王一樣的敎化，也能奮發興起。
時勢雖可造英雄，英雄也能造時勢。但是眞正的豪傑，可以不受環境的束縛，特立獨行不爲俗移，奮發有爲。

待文王而興，是指受良好的政治力量的感召，仍是外在刺激的結果，稱不得獨立特行的豪傑之士，豪傑之士，是行其所當行，根本不需文王的感召。

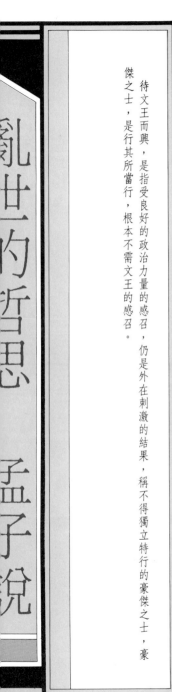

人在沒有成功以前，彷彿與常人並無不同，但是成功的因素和徵兆，便已潛存，舜的成為聖王，就在於為平常百姓時的採納善言，躬行善行。

舜之居深山之中，與木石居，與鹿豕遊，其所以異於深山之野人者幾希。及其聞一善言，見一善行，若決山河，沛然莫之能禦也。
盡心篇上第十六章
當初大舜住在深山裡的時候，和木石同處，和鹿豕同遊……
和那深山裡的鄉人實在很少不同的地方。
等到他聽得了一句善言，見到一種善行，就去實行。
像開通了江河的水，盛流下來，無法阻止它。
舜之所以為舜，是因他能虛心從善，吸收別人的優點。

無爲其所不爲，無欲其所不欲，如此而已矣。
盡心篇上第十七章
不要本性所不願意做的事。
不要想本性不願意想的私欲。
做人的道理，就是這樣罷了。
做人的道理很簡單，不做自己本性不想做的事，不想本性不該想的欲。

「無為其所其不為，無欲其所不欲」，孟子似乎是極端的個人主義者。可是他的人性本善的主張，順其發展是善人、君子、聖人，無故偏失。無此主張與認識的，不宜引為藉口。

人的才德智慧，常受外力的刺激而引發，孤臣孽子，處於無助的絕望中，才會有最大的憂慮意識，發抒最大的才智，解決面對的問題，所以能通達人情事理。張載深知其意，才說：「憂勞貧賤，庸玉汝於成也。」——憂慮是玉成你的力量和機會。

孟子曰：「人之有德慧術知者，恆存乎疢疾。獨孤臣孽子，其操心也危，其慮患也深，故達。」

盡心篇上第十八章

一個人有品德、智慧、道術、才識，常常是生長在憂患的困境中。

就像那被疏遠的臣子和那被人輕視的庶子，他們時時操持危懼的心，保存著深切的憂慮。

所以通曉事理，練達人情。
處在困苦中的人應自己奮發，當從患難困苦中磨鍊出品德、智慧、道術、才識。

孟子的三樂，是以精神上的感受為主，其實是天倫之樂，個人人格成就之樂，人才培植成功之樂，流露的是聖賢氣象和胸襟。

君子有三樂，而王天下不與存焉。父母俱存，兄弟無故，一樂也。仰不愧於天，俯不怍於人，二樂也。得天下英才而教育之，三樂也。君子有三樂，而王天下不與存焉。
盡心篇上第二十章
君子有了三件樂事，就是把天下給他，他也不放在心裡。
父母健在，兄弟和睦，是第一種快樂；
對上不愧於天，對下不愧於人，是第二種快樂。
得到天下的英俊賢才，來教導他們，是第三種快樂。
君子有了這三件樂事，就是把天下給他，他也不放在心上。
我把王位交給你來做。
不用了。
君子之樂是發自自身本性的滿足，不是貴勢外物之樂所能比擬的。

人的境界，有高低、廣狹的不同，所以要一層一層地提升，登東山與登泰山，觀河與觀海，感覺完全不一樣。遊於聖人之間的，與常人也就大有殊異了。

盡心篇上第二十四章
登東山而小魯，登太山而小天下。
孔子登上魯國東境的東山上，看那魯國就覺得小了。
由山上看下，魯國實在是小……
由泰山之頂看下，天下也是很小啊……
登到泰山上，看那天下也就覺得小了。
所以見慣海洋的人，難和他講江河裡的小水了。
久處在聖人門下的人，難和他講淺近的話了。

觀瀾而溯求水源，見光而求日月的所在，君子的求道，要深明這種道理，有根本上的本體和有方法上應用的分別，所以不能舍本求末。也不能躐等求進。

看水有個方法，必看它從源頭流出壯潤的波瀾；
日月的光明，只要有隙縫容納的地方，必定能夠照射到。
流水這樣的東西，不注滿了低窪的坎坑，它是不會向前流進的；
君子立志求道，不積厚到文章外現的時候，就不會通達到聖人的境地。
站在什麼層次，就會得什麼樣的境界，想達到聖人之境，還得從源頭逐步前進。

● 孳孳：即孜孜，努力不倦。
蹠之徒也：蹠音ㄓˊ，古之大盜，此指強盜的門徒。
舜之徒：舜，古之聖王，此指聖人的門徒。

盡心篇上第二十五章
雞鳴而起，孳孳為善者，舜之徒也；雞鳴而起，孳孳為利者，蹠之徒也。欲知舜與蹠之分，無他，利與善之間也。
喔喔喔喔
雞鳴時辰就起身，開始勤勉的去行善的，這是舜一類的人；
喔喔
雞鳴時辰就起身，開始勤勉去謀利的，那是盜蹠一類的人。
要想明白舜和盜蹠的分別，沒別的不同，就在行善和謀利的不同上面。
我做的全為公眾的利益。
我做的全為了私自的利益。

亂世的哲思 孟子說

節操的可貴，貴在有所不為，如果柳下惠因三公的高官而改變了節操，那變成了「節操」彷彿是他達成「三公」的手段了，便非富貴不能淫的大丈夫了。

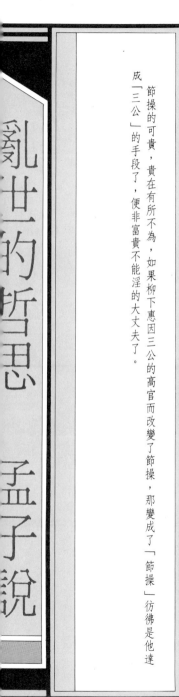

亂世的哲思　孟子說

事情的成功，有一定的底線，突不破底線，達不到標準，決不稱成功，不能中途放棄，就如掘井，不到泉水湧流便放棄了，仍是廢井。

有爲者辟若掘井，掘井九軔而不及泉，猶爲棄井也。
盡心篇上第二十九章
人的作爲就像掘井一樣……
沒水啊！
再繼續挖啊！
一定是沒水的。
掘到七丈二尺那樣深，還不到水泉，如果就此歇手，那就是自己拋棄這個井啊！
人做事要做到成功爲止，若是半途而廢自棄前功，並不是力量不夠，而是意志不堅。

盡心篇上第三十七章
食而弗愛，豕交之也；愛而弗敬，獸畜之也。恭敬者，幣之未將者也。恭敬而無實，君子不可虛拘。
只供給他飲食而不愛他……
那簡直像餵猪狗一樣對待他；
愛他而不敬他……
仍舊和畜養鳥獸，當做犬馬養他一樣；
恭敬的誠心，是要在禮物未奉之前就存著的。
如果僅有外表恭敬，而無內心的誠意，君子對此，不可因那虛文而就留下。

禮不是只是外在形式上的表現，而要有誠心和敬意為基本。如果缺少了這些，只是「家犬」、「獸畜」；頂多被看成「寵物」而已。

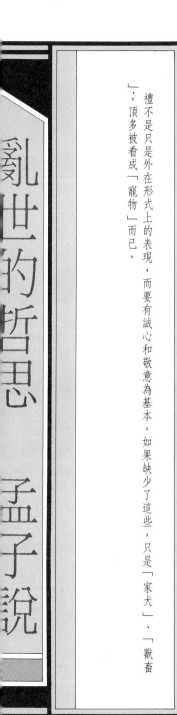

亂世的哲思　孟子說

教育的方法很多，不外因材成就。孟子五種教育方法，不外傳道、授業、解惑。如時雨之化，那是教育方法良好的效果問題，有「私淑艾」者，指無形的影響，無師生之名，有師生之實。

盡心篇上第四十章
君子所教者五：有如時雨化之者；有成德者；有達財者；有答問者；有私淑艾者。此五者，君子之所教也。
君子有五種教人的方法：
有像時雨的潤育草木；
有成就他的德性；
義
義
有通達他的才能；
有解答他的疑問；
問
答
效法……
有風教所聞而私自取善修養的。
這五種方式，即是君子教人的方法。
君子施教的方法不一，高下遠近各因其才性而誘導之。

行道要有擇善固執的精神，所不同的，天下有道的時候，能順道合道而行，不必付出代價。天下無道，甚至要以身殉道。所以行道不能枉道求合。

天下有道，以道殉身；天下無道，以身殉道。未聞以道殉乎人者也。
盡心篇上第四十二章
道
天下有道時，就拿道義隨身行事；
道
天下無道時，就拿身子依道赴難。
道
總沒有聽說拿著道義而去遷就他人的呢。
道尊而嚴，可依而不可利用，行道不可屈己枉道以從人。

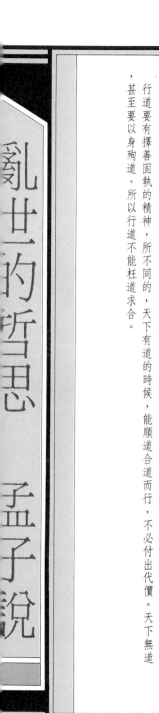

亂世的哲思 孟子說

親親到仁民，仁民到愛物，是孟子實踐仁愛的路線，「愛無差等、施由親始」，方合乎人性人情，所以他才指示墨子的兼愛，是無父無君的禽獸。可是一般的人，太厚愛自己了，以至忘了親親，好一點的，能用力於親親，而不能仁民愛物，才使孟子的主張落空。

孟子曰：「君子之於物也，愛之而弗仁；於民也，仁之而弗親；親親而仁民，仁民而愛物。」
盡心篇上第四十五章
君子對於物類，只應有愛惜之心而無仁慈之心；
對於百姓，應當對他們仁愛，却不應對他們親愛。
先親愛自己的親人，然後推及到仁愛百姓。
再由仁愛百姓，然後推及到愛惜物類。
君子用情，有親疏遠近的次序。愛有差等才合乎本性眞情，才能施行無僞。

書的可不可信，在於著書人的品格，紀錄的真實性如何而定。孟子看到的尚書武成篇，已亡佚了，現在的武成，則說是紂的士兵，前列和後列，自相殘殺，才造成血流飄杵的結果。後人認為是「偽書」。

盡信書，則不如無書。吾於武成，取二三策而已矣。仁人無敵於天下；以至仁伐至不仁，而何其血之流杵也？
盡心篇下第三章
完全相信書上的每一句話，那還不如沒有書的好。
就像周書武成篇這樣的書，也只不過二三頁可信罷了！
周書
譬如它記載武王伐紂的事來說…
仁者無敵，以武王這樣的至仁，去討伐紂王那樣的最不仁，本是輕而易舉的。
怎會弄到殺人的血竟多到可以漂流起舂米的杵的地步呢？

為學成技，有方法的一面，有功夫的一面。方法得到了，要有功夫，才能使技藝熟練，進而工巧。

梓匠輪輿，能與人規矩，不能使人巧。

盡心篇下第五章

木匠和車匠，只能將做圓做方的方法教人…
規
矩

却沒法使人做的很巧妙。

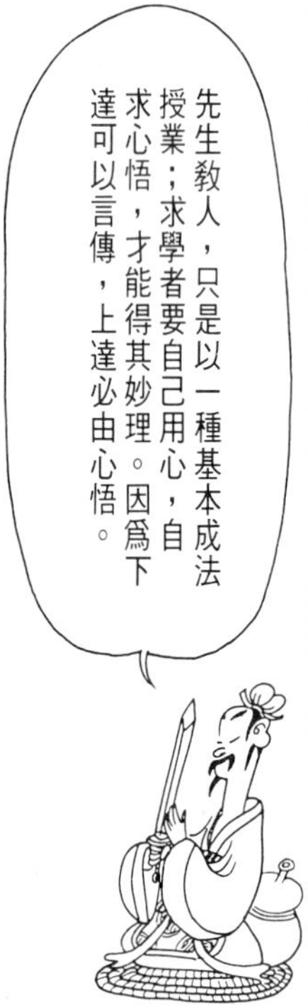
先生教人，只是以一種基本成法授業；求學者要自己用心，自求心悟，才能得其妙理。因爲下達可以言傳，上達必由心悟。

●飯糗茹草：飯、上聲，作動詞，吃的意思。糗：音ㄑㄧㄡˇ乾糧。茹：音ㄖㄨˊ，茹草，吃蔬菜。

●被袗衣：被，同披，穿的意思，袗音ㄓㄣˇ，袗衣：一解作彩繪的畫衣，一解作盛服，一解作珍裘，貴盛的服裝。

●二女果：果，係婐字的假借，侍也，「二女果」堯的二女侍於側。

舜之飯糗茹草也，若將終身焉；及其爲天子也，被袗衣鼓琴，二女果，若固有之。
盡心篇下第六章
舜做平民時，吃乾飯和野菜，非常知足快樂，
好像就預備貧窮一世，毫不介意。
等到做了天子，穿著采服，彈著琴，又有堯的兩個女兒侍奉著，這又好像本來應該這樣的。
本來如此的啊！
聖人處富貴貧賤如一，不爲環境所移。處處隨遇而安；窮不怨而達不驕。

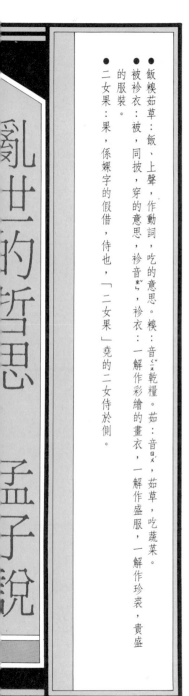

人是理性的動物，不合理，不合正道的行為和指使，雖是親蜜的妻子，在超過情感容忍的界線時，便不能接受了。

身不行道，不行於妻子；使人不以道，不能行於妻子。
盡心篇下第九章
自身不能依正道行事，自身的行爲，也就不能爲妻子所接受。
差使他人不用正道，差使妻子也行不通。
當初怎麼會嫁給這種人哪……
人必須先正自己而後才能正人。自身不正者，他人會拒絕這種「不正」。

「有備無患」不僅指物質而言，也包括心理和行為上的準備在內。有錢財穀物上的準備周全，雖然是饑荒之年，也不會餓死；所道德修養深厚的人，處邪惡的時代，也不會行為錯亂。

盡心篇下第十章
孟子曰：「周于利者，凶年不能殺；周於德者，邪世不能亂。」盡心篇第五十六章
財利充足的人，就是凶年飢歲，也不能餓死他；
道德高尚的人，雖是亂世，也不會迷失心志。
正
積之厚，則用有餘。平時重道德修養，心存禮義，行爲自然合乎於禮義。經得起亂世的考驗。

在好名的前提下，能讓千乘之國，不是真正的慷慨，而是好名的驅使所致。如果不是好名的人，在「簞食」、「豆羹」的微薄事務上，也會表現出吝色，這才是人的本性。

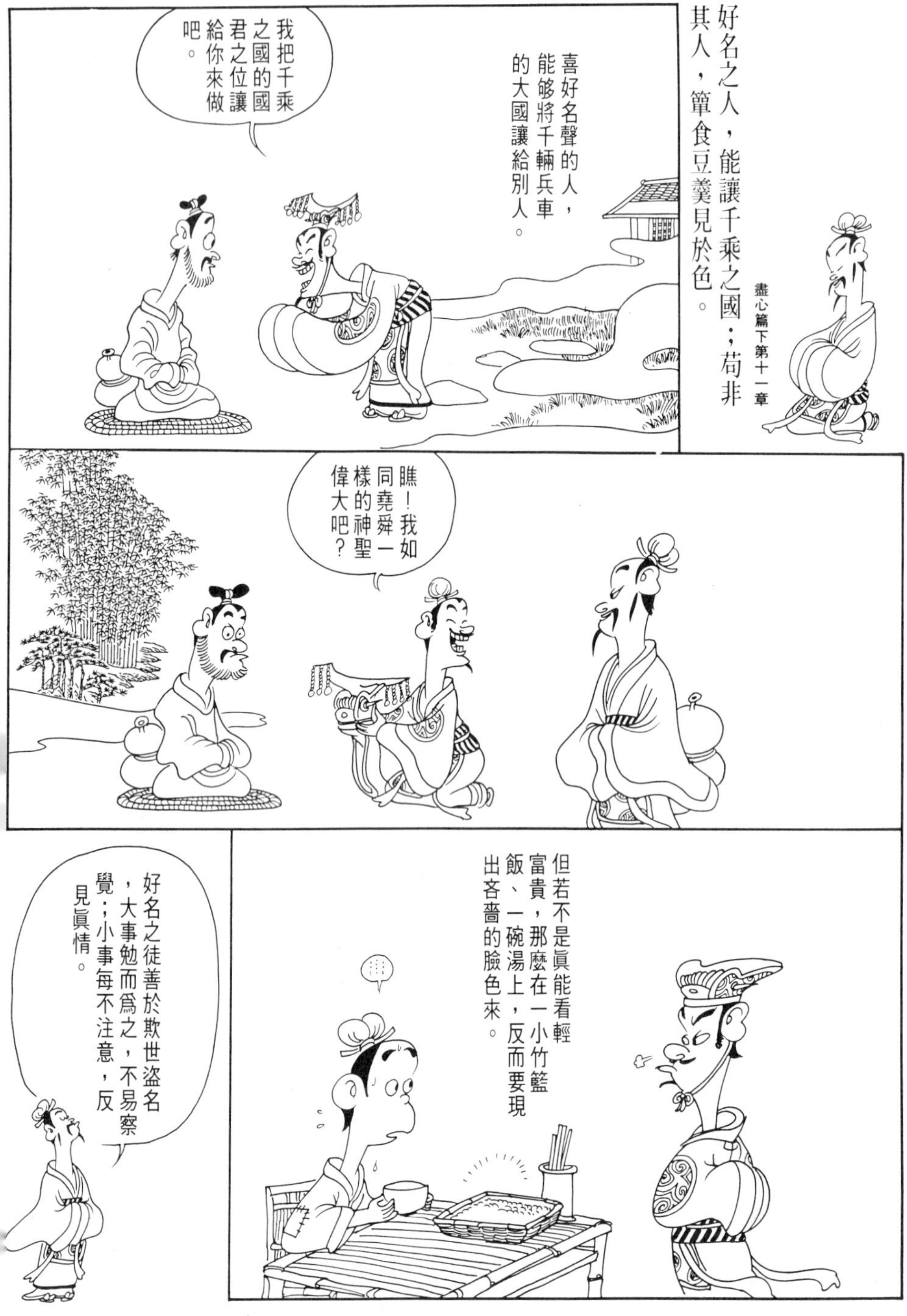
好名之人，能讓千乘之國；苟非其人，簞食豆羹見於色。
盡心篇下第十一章
喜好名聲的人，能夠將千輛兵車的大國讓給別人。
我把千乘之國的國君之位讓給你來做吧。
瞧！我如同堯舜一樣的神聖偉大吧？
但若不是眞能看輕富貴，那麼在一小竹籃飯、一碗湯上，反而要現出吝嗇的臉色來。
好名之徒善於欺世盜名，大事勉而爲之，不易察覺；小事每不注意，反見眞情。

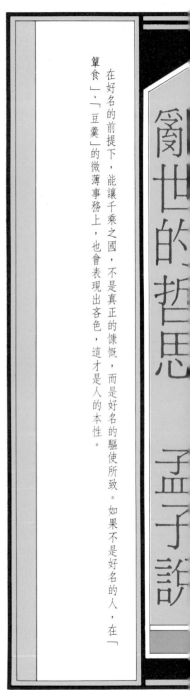

這是孟子的民權思想。儒家思想的根本，人民是一切，民衆最重要。沒有了民衆，國家君主就無存在的價值了。故君主、國家的重要，在民衆之下。

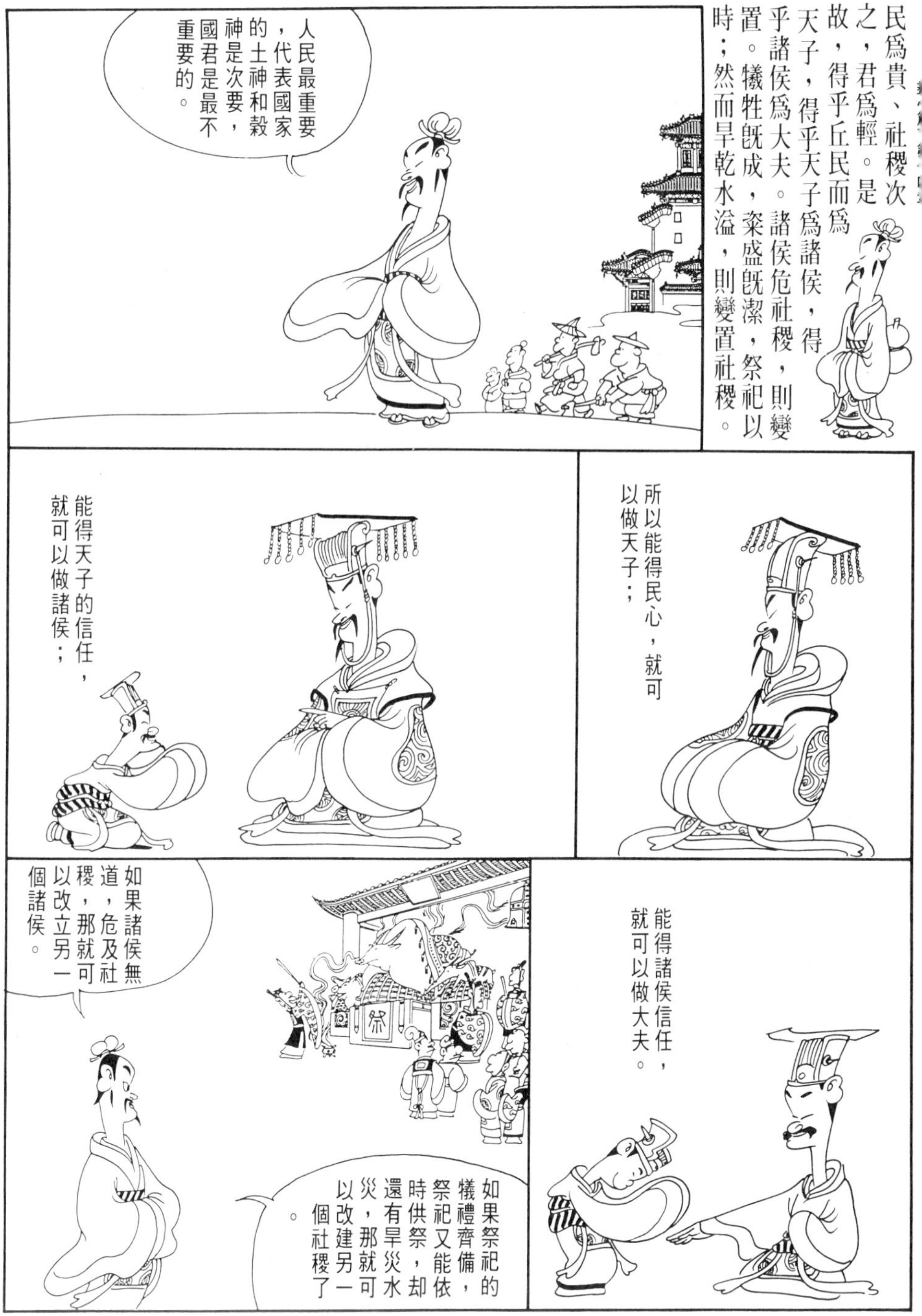
民爲貴、社稷次之，君爲輕。是故，得乎丘民而爲天子，得乎天子爲諸侯，得乎諸侯爲大夫。諸侯危社稷，則變置。犧牲既成，粢盛既潔，祭祀以時；然而旱乾水溢，則變置社稷。
人民最重要，代表國家的土神和穀神是次要，國君是最不重要的。
所以能得民心，就可以做天子；
能得天子的信任，就可以做諸侯；
能得諸侯信任，就可以做大夫。
如果諸侯無道，危及社稷，那就可以改立另一個諸侯。
如果祭祀的犧禮齊備，祭祀又能依時供祭，却還有旱災水災，那就可以改建另一個社稷了。

仁是人之所以為人的道理，人必然以仁存心，由仁以行，所以總合仁與人而言，就是一個道字。是人人必行的大道，是人人依以接人處事的原理。

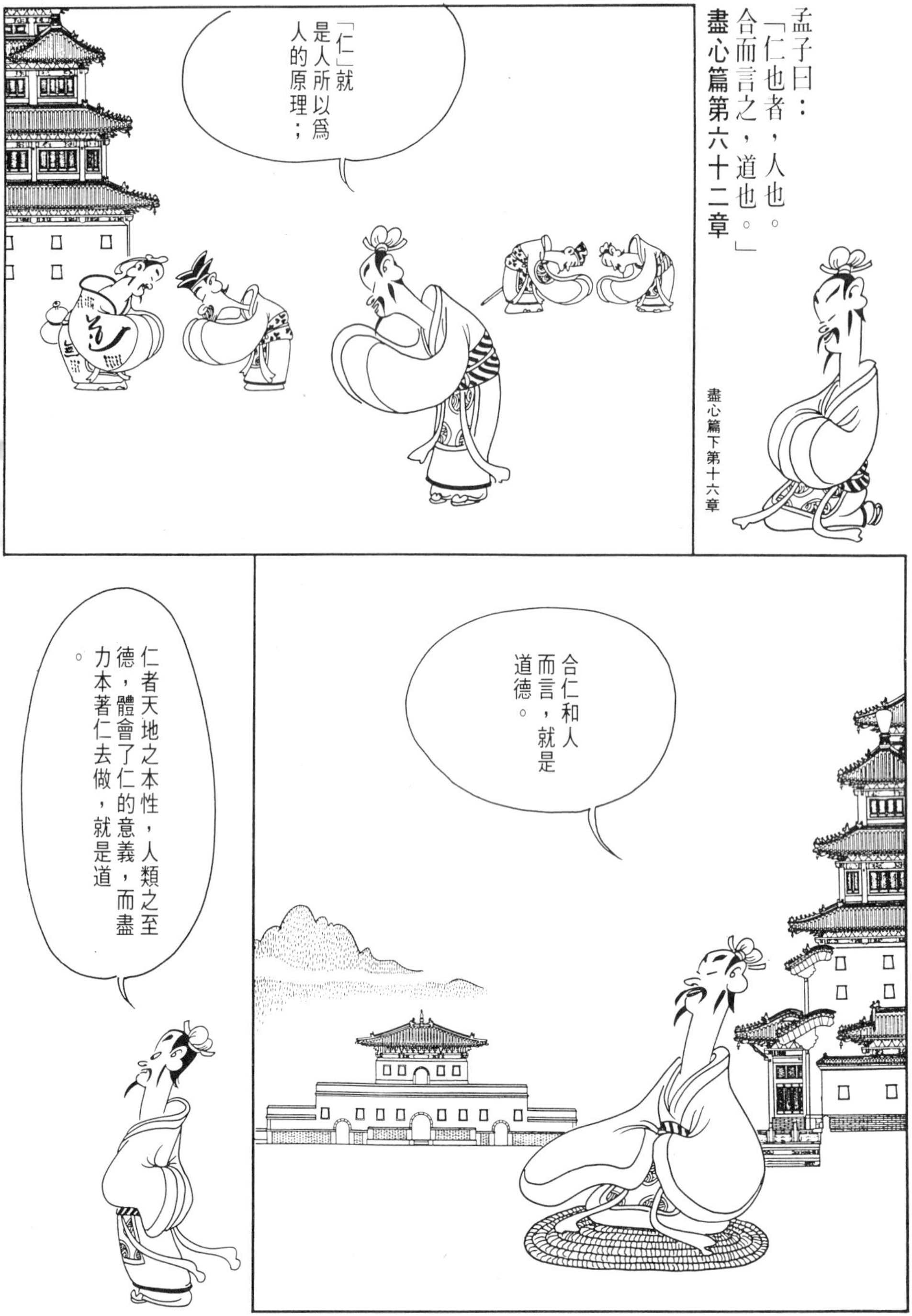
孟子曰：
「仁也者，人也。
合而言之，道也。」
盡心篇第六十二章
盡心篇下第十六章
「仁」就是人所以爲人的原理；
合仁和人而言，就是道德。
仁者天地之本性，人類之至德，體會了仁的意義，而盡力本著仁去做，就是道。

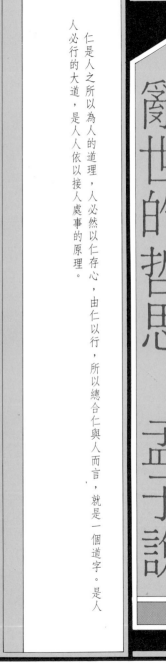

盡心篇下第二十章
孟子曰：「賢者以其昭昭，使人昭昭；今以其昏昏，使人昭昭。」
古代的賢人，先使自己明白道理……
然後叫人也同時明白道理；
現在的人本身自己就糊塗：：
却要叫人明白道理。
以昭昭明白的言行施于天下國家，沒有人不明白順從。但在位者以己之昏暗不明，而求人能明白、遵守，豈不是緣木求魚嗎？

昭明的事理，昭明的言行，才能使人瞭然奉行，自己昏昏不明義理，只會使人不知所從，產生導誤的結果，所謂一盲引衆盲，其結果極為危險。

●山徑：山間的小路。
●蹊間：人走過的地方。
●介然：倏然之間。
●為間：少頃，不久的意思。

孟子謂高子曰：「山徑之蹊間，介然用之而成路；爲間不用，則茅塞之矣。今茅塞子之心矣。」

盡心篇第六十七章

盡心篇下第二十一章

孟子對高子說：
山間小路，衹能容下步之處……

要是常常有人走過，就會變成一條大路。
但過一些時不走，茅草就會把路塞住了。

你的心好久不用了，現在茅草已經塞住你的心了。
爲善向學，須有恆心。理義之心稍有間斷，邪慾之念即乘隙而入了。

盡心篇下第二十二章
高子曰：「禹之聲，尚文王之聲。」
孟子曰：「何以言之？」
曰：「以追蠡。」
曰：「是奚足哉！城門之軌，兩馬之力與？」
大禹所作的音樂，比文王作的音樂還要好。
何以見得？
因爲大禹的鐘紐，像蟲蛀般的快斷了，想是聲音好而用時多的緣故。
這怎可以拿來做憑證呢？好比城門口的車軌很深，難道是兩匹馬力所輾成的嗎？
只是車子進出得多的緣故啊！大禹的鐘紐像蟲蛀，也只是因爲年代較久的緣故罷了。
判斷分析要有周到的見識，不可只憑一點，妄下定論，而顧此失彼，見一遺二。

- 禹之聲：聲指聲樂。
- 追蠡：追，鐘紐的意思。蠡，蟲齧過的樣子。言鐘紐使用過多，似乎要斷了。
- 是奚足哉：指上述的證據不够。
- 城片之軌：指城門入口之處，車子壓過的軌迹。

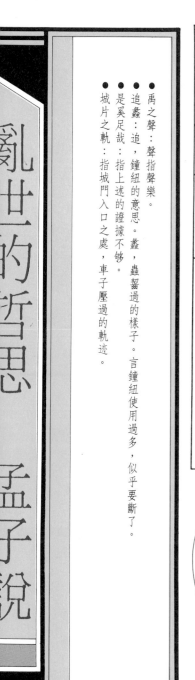

亂世的哲思 孟子說

人有習慣性，一旦積習已成，雖力加克制，有時候會故態復明。

重做馮婦
盡心篇下第二十三章
晉國人有個叫做馮婦，最會赤手空拳打老虎。
後來想要做個良善的人，就不再打老虎了。
有一次他走到野外，恰巧見到許多人在追趕老虎……
吼！
請幫幫忙
這老虎非得你出馬不可……
吼！

打虎不但不是壞事，而且是「打虎英雄」。孟子譏笑於「馮婦」的，是他已確認打虎狩獵不好，確定了追求「良善」為目標，可是在見獵心喜的時候，故態復萌，棄所確認的理想於不顧，沒有堅守「立場」。

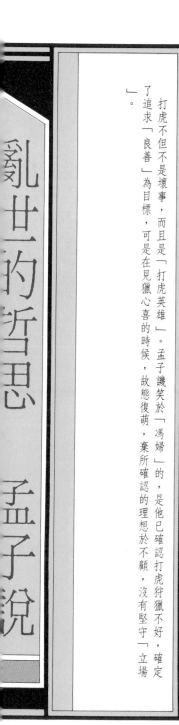

嗜欲是創造的動力，也是罪惡的泉源。嗜慾有善惡的區別，嗜慾多了，總會蒙蔽人的善心善性，所能保存的，也就少了。

盡心篇下第三十五章
養心莫善於寡欲；其爲人也寡欲，雖有不存焉者寡矣；其爲人也多欲，雖有存焉者寡矣。
養心没有比減少嗜欲更好的了。
如能減少嗜欲，即使失去本心時，那也是很少的……
迷失了，快回復本性……
如果欲念太多，即使保有本心時，那也是很少的。
$
養心的要訣在寡欲，良知常受嗜欲的蒙蔽，所以利令智昏。人不可作嗜欲的奴隸。

可以有可能的

◉編輯室

●蔡志忠本著一貫生動活潑的筆調，又再一次可以有可能的讓現代人欣賞了解古代中國的智慧，領引讀者神遊在儒家聖賢典型之中。一篇篇嚴肅的孟子巨著經詮釋繪製成一幅幅的漫畫，使讀者看官能夠感應孟子其人圓熟的生命氣息，了解到孟子其思想精髓及發展的軌跡。請讀者鼓掌叫好。

●「大學」「中庸」「論語」「孟子」花了二年多的時間全部陸續出版了。蔡志忠投入工作的吃力與辛苦是可以想像的。讀者們也是癡心耐著性的等了二年多。在此感謝辛苦的蔡志忠以及有耐性的讀者們。

●本書的序是由杜松柏教授及劉文起教授所撰寫的，謹在此表示由衷的感謝。

時報漫畫叢書 063

亂世的哲思——孟子說

蔡志忠作品全集 010

作者／蔡志忠

執行編輯／高重黎
編　　輯／黃健和
美術編輯／莊雅惠
董 事 長
發 行 人—孫思照
總 經 理—莫昭平
總 編 輯—林馨琴
出 版 者—時報文化出版企業股份有限公司
10803台北市和平西路三段240號三樓
發行專線—（02）2306-6842
讀者服務專線—0800-231-705・（02）2304-7103
讀者服務傳眞—（02）2304-6858
郵撥—19344724 時報文化出版公司
信箱—台北郵政79～99信箱
時報悅讀網—http://www.readingtimes.com.tw
電子郵件信箱—comics@readingtimes.com.tw
登記證／行政院新聞局局版北市業字第八〇號

印　　刷／盈昌印刷股份有限公司
初版一刷／一九八九年九月十日
初版二十八刷—二〇一〇年七月二十二日

ISBN 957-13-1069-7
Printed in Taiwan
定價／新台幣140元

國立中央圖書館出版品預行編目資料

亂世的哲思：孟子說／蔡志忠漫畫. --初版.
--臺北市：時報文化，1994[民83]印刷
面；　公分. --(時報漫畫叢書：FA63)
ISBN　957-13-1069-7(平裝)

1. 孟子—漫畫與卡通　2. 漫畫與卡通

121.26　　83002571